# Et si l'agriculture sauvait l'Afrique ?

Hervé Bichat



éditions Quæ

Éditions Quæ
RD 10
F – 78026 Versailles Cedex


ISSN : en cours
ISBN : 978-2-7592-1698-7

*À Anna, Sebastian et Alain Yacouba*

# Sommaire

## Quelques problématiques agricoles africaines

# Préface

Le continent africain a devant lui des échéances cruciales en termes de développement, et c'est toute la planète qui est interpellée par ces échéances. Il y a d'abord la dynamique démographique : au moment où le monde passe le cap des 7 milliards d'humains, l'analyse démographique de l'Afrique montre que ce continent, si longtemps considéré comme sous-peuplé, n'a pas encore clairement entamé sa « transition démographique ». La population va donc continuer de croître rapidement pendant plusieurs décennies, particulièrement en Afrique subsaharienne, du fait d'une fécondité encore très élevée. Cela signifie que, malgré leurs imprécisions, les projections demeurent vertigineuses : alors que le nombre d'Africains est passé de moins de 300 millions en 1960 à 1 milliard en 2009, elles en prévoient 2 milliards en 2045 et autour de 4 milliards à la fin du siècle. L'augmentation de ces populations et incidemment, pendant un temps, le ratio favorable entre actifs et inactifs constituent à la fois une formidable opportunité et une source d'inquiétude. Comment les économies du continent vont-elles saisir cette opportunité pour générer du développement véritable ? Quels emplois, quelle alimentation, quelle santé, quelle éducation, quelle qualité de vie pour ces milliards de nouveaux venus ?

C'est bien sûr une question lancinante pour l'Afrique subsaharienne car, au-delà de certains indices économiques flatteurs, on peut s'interroger sur le chemin parcouru depuis les indépendances et le développement humain qui en a résulté. Des images contrastées nous viennent, entre capacités potentielles et difficultés réelles, et alimentent le débat désormais traditionnel entre « afro-optimistes » et « afro-pessimistes ». Pour les uns, la croissance est là, le dynamisme économique de la jeunesse, les ressources naturelles et la capacité d'innovation des Africains vont nous étonner. Pour les autres, l'économie fragile et informelle, les iniquités du développement, la faiblesse et la corruption des administrations et les conflits ravageurs resteront longtemps des handicaps... L'Afrique subsaharienne est certes diversifiée et les pays qui la composent n'ont pas tous choisi le même chemin, même s'ils partagent certaines tendances lourdes comme l'urbanisation. Certains pays se distinguent ainsi clairement par leurs trajectoires de développement, qui résultent d'une stabilité et d'une vision politique volontariste. Il n'y a donc pas de fatalité de « mal-développement » de cette région du monde.

Face à l'ampleur des défis, on est cependant en droit de s'interroger : les dynamiques économiques suffiront-elles pour alimenter le développement à hauteur de l'explosion démographique attendue ? Le monde rural, confronté à la pauvreté, à la dégradation des écosystèmes, à la compétition pour le foncier et les ressources naturelles, n'a-t-il d'autres solutions que d'envoyer ses enfants en ville pour une vie meilleure ? Les mégapoles qui surgissent et se gonflent de l'exode rural aux quatre coins de l'Afrique, avec le cortège de misère humaine qu'elles génèrent, peuvent-elles vraiment devenir le creuset d'un véritable développement économique et humain ? Où sont les avantages comparatifs, les opportunités industrielles et les gisements d'emplois de l'Afrique de demain ?

Dans son essai, Hervé Bichat nous rappelle que l'Afrique subsaharienne est encore très largement rurale et que la production agricole est, dans la plupart des cas, l'activité économique primaire majeure. Les questionnements sur les voies de développement ne peuvent donc faire l'économie d'une réflexion nouvelle sur la place de l'agriculture, qui restera longtemps et pour de nombreux pays le moteur le plus solide du développement. On mesure aujourd'hui combien les vingt-cinq années de réajustement structurel ont saigné à blanc les agricultures locales en les confrontant à la compétition globalisée et ont orchestré la profonde désaffection des gouvernements africains pour l'activité agricole. Quatre ans après le rapport de la Banque mondiale sur le développement consacré à l'agriculture, qui marque d'une certaine façon son retour à l'agenda du développement, Hervé Bichat nous montre combien il est difficile de remonter la pente et de construire une réelle politique agricole, intégrée à l'échelon régional et générant un véritable développement rural. La volonté politique des responsables régionaux et des bailleurs est sans doute là, comme le montrent les objectifs ambitieux du Nepad, Nouveau partenariat pour le développement de l'Afrique. En revanche, la vision du développement souhaitable reste à construire.

Longtemps l'agriculture africaine a été perçue comme archaïque. Il convenait de la « moderniser » le plus rapidement possible et, pour cela, de la mécaniser, de la « technifier », même si cela devait se traduire par une réduction drastique du nombre d'exploitations afin qu'elles soient économiquement viables selon les canons du libéralisme mondial. Si cette approche purement techniciste a encore quelques adeptes, on sait mieux aujourd'hui que les solutions devront s'appuyer sur les centaines de millions d'agriculteurs familiaux du continent. Ces derniers ont montré qu'ils étaient capables de s'organiser, d'innover et d'investir pour peu qu'on leur en donne les moyens et qu'on leur assure un environnement sécurisé ou du moins pas trop pénalisant. On reconnaît aujourd'hui qu'ils sont le meilleur vecteur pour la lutte contre la pauvreté et la malnutrition, la bonne gestion des territoires ruraux et *in fine* la fourniture de services environnementaux. Pour autant, des inconnues demeurent sur le plan des techniques agraires productives, économes et durables, de la gestion du foncier, des politiques favorables... Hervé Bichat nous rappelle qu'aucune agriculture au monde n'a prospéré sans perspectives de stabilité sur le long terme, un certain degré de protection et une attention particulière à l'organisation des marchés. Il développe cette thèse autour de trois grandes idées forces : il faut donner du temps aux agricultures africaines pour s'inventer un futur et toute politique sectorielle agricole doit s'inscrire dans une perspective de long terme ; les politiques foncières sont une priorité absolue car elles déterminent de nombreux autres paramètres de viabilité, en particulier la capacité de garantir des financements ; il ne peut y avoir de politique agricole que régionale, à l'échelle d'ensembles sous-continentaux qui permettent la construction de marchés valorisant les complémentarités et régulés par des politiques sectorielles favorables.

Cet essai s'inscrit dans le regard passionné d'un homme qui a consacré sa vie à la recherche agronomique en Afrique et qui s'attache à promouvoir des solutions raisonnées pour l'agriculture africaine de demain. Il revient sur l'histoire agricole depuis les indépendances, les choix qui ont été faits, et défend des thèses originales sur les atouts et les handicaps du continent noir. Cinquante ans après l'essai provocateur de René Dumont, *L'Afrique noire est mal partie,* Hervé Bichat alimente ce débat crucial pour l'avenir du continent, avec le souci de l'intégration qui caractérise l'agronome.

Gérard Matheron, Président du Cirad

# Avant-propos

Faut-il encore écrire un essai sur la situation de l'Afrique noire ? Depuis une trentaine d'années, de nombreux anthropologues, économistes et hommes politiques, africains et étrangers à ce continent, ont multiplié les ouvrages, notamment à l'occasion de la célébration du cinquantenaire de l'indépendance des nouveaux États issus de la colonisation européenne. Pourtant, parmi ces auteurs, il y en a peu qui soient issus du monde agricole, alors que c'est un agronome, le professeur René Dumont, qui avait lancé ce débat en publiant en 1962 le célèbre *L'Afrique noire est mal partie*.

L'agriculture est, comme le caractère polysémique du mot « culture » en français le souligne, une activité qui n'est pas seulement technique et économique. Elle plonge ses racines dans la réalité des sociétés, dans leur histoire, dans leur géographie et dans leur culture. Elle constitue donc un point de vue privilégié pour appréhender leurs grandes évolutions.

Au terme d'une vie professionnelle qui m'a permis d'accompagner les agricultures de l'Afrique de l'Ouest pendant plus d'une cinquantaine d'années, période au cours de laquelle celles-ci ont connu de grands bouleversements, il m'a paru utile d'apporter mon témoignage, bien que je ne sois pas d'origine africaine.

D'abord, parce que la crise profonde qui touche l'Afrique noire depuis la décennie 1970 a suscité bien des critiques sur les capacités des Africains à accéder à une société industrielle évoluée. Ces opinions sont profondément injustes et erronées pour quelqu'un qui a rencontré en Afrique noire tant de personnalités remarquables et qui reste plein d'admiration devant l'énergie des Africaines à faire face aux immenses difficultés quotidiennes pour assurer un avenir meilleur à leurs enfants. Je suis persuadé que, si les Gaulois avaient été placés dans les mêmes conditions historiques et géographiques que les ethnies africaines, ils ne s'en seraient pas mieux sortis !

Ensuite, parce que malheureusement la pensée économique dominante d'aujourd'hui, issue des travaux de la célèbre École de Chicago, est incapable de prendre en compte les ressorts profonds de l'agriculture africaine. C'est la raison pour laquelle il n'y a aucune amélioration de la situation des campagnes de l'Afrique de l'Ouest depuis 1980, alors qu'un mieux s'est dessiné au cours de la dernière décennie au sein de l'économie formelle de la région. Or l'histoire démontre amplement que, sans une agriculture dynamique, il n'y a pas de développement, comme l'a rappelé en 2007 la Banque mondiale dans son rapport consacré à *L'agriculture au service du développement durable.*

Cet essai est dédié à ceux sans qui il n'aurait jamais été écrit :
– Anna Bichat, une de mes nièces, étudiante en médecine, et son compagnon, Sebastian Oltmanns, étudiant en agronomie à l'université de Bonn (Allemagne). Ils souhaitaient commencer leur vie professionnelle au service de l'Afrique subsaharienne. Ils ont été fauchés par un autobus sur une route du Bénin en mai 2009, alors qu'ils y effectuaient un stage.
– Alain Yacouba Bambara, fondateur de l'important groupe agro-industriel Cosmivoire. Nous nous étions rencontrés sur les bancs de l'Agro de Paris en 1957 et avions noué, depuis, des liens fraternels, nourris notamment par une passion commune pour le développement de l'Afrique noire. Au moment même de l'accident qui causa la mort de mes neveux, il fut atteint par un mal incurable qui allait l'enlever à l'affection des siens un an après, au terme d'une lutte opiniâtre.

Ces circonstances dramatiques m'ont conduit à écrire en 2010 un premier texte intitulé *Lettre à Anna et Sebastian sur la situation actuelle de l'Afrique noire.* Je l'ai diffusé à mes amis. Il a provoqué de nombreuses réactions qui m'ont aidé à faire face à ces deuils, et qui ont mené au présent ouvrage. Je voudrais remercier tout particulièrement René Tourte, Yves Le Bars, Philippe Jouve, Emmanuel Camus, Evariste Nicoletis, Pierre-Henri Texier et Daniel Viard, dont les contributions donnent, cher lecteur, tout leur intérêt aux pages qui vont suivre. Je n'oublie pas d'associer dans ces remerciements Martine Séguier-Guis, mon éditeur, Étienne Hainzelin et Rolland Guis, qui m'ont accompagné dans l'élaboration de cet ouvrage.

Enfin, cet essai se prolongera à l'automne 2012 par le séminaire que va organiser la Fondation René Dumont à l'occasion du cinquantième anniversaire de la publication de *L'Afrique noire est mal partie*. Cela permettra de se pencher sur l'histoire de son agriculture au cours de ces cinquante dernières années pour rechercher les bases de son renouveau.

Thouarcé, août 2011

# L'Afrique noire n'est pas maudite

MER MÉDITERRANÉE
MAROC
TUNISIE
ALGÉRIE
LIBYE
ÉGYPTE
SAHARA OCCIDENTAL
MAURITANIE
MALI
NIGER
TCHAD
SOUDAN DU NORD
ÉRITHRÉE
DJIBOUTI
SÉNÉGAL
GAMBIE
GUINÉE-BISSAU
GUINÉE
BURKINA FASO
SIERRA LEONE
CÔTE D'IVOIRE
GHANA
NIGERIA
ÉTHIOPIE
SOMALIE
LIBERIA
TOGO
BÉNIN
CAMEROUN
CENTRAFRIQUE
SOUDAN DU SUD
OUGANDA
KENYA
GUINÉE ÉQUATORIALE
GABON
CONGO-KINSHASA
OCÉAN INDIEN
RWANDA
CONGO-BRAZZAVILLE
TANZANIE
BURUNDI
ANGOLA
OCÉAN ATLANTIQUE
ZAMBIE
MALAWI
MADAGASCAR
NAMIBIE
ZIMBABWE
BOTSWANA
MOZAMBIQUE
SWAZILAND
AFRIQUE DU SUD
LESOTHO

Tout voyageur qui aborde pour la première fois les rivages de l'Afrique noire est étonné par le contraste saisissant entre, d'une part, l'accueil chaleureux et coloré qui lui est réservé et l'activité inlassable des personnes qu'il rencontre et, d'autre part, la situation misérable dans laquelle le plus souvent elles se débattent, dans les campagnes comme dans les immenses bidonvilles qui composent aujourd'hui les paysages urbains de ce continent.

S'il vient d'Europe, il s'interroge sur l'efficacité de l'aide internationale dont les journaux ne cessent de parler, notamment à l'occasion des grandes réunions internationales, que ce soit lors des assemblées générales de l'Organisation des Nations unies (Onu), de l'Organisation des Nations unies pour l'agriculture et l'alimentation (FAO) ou à l'occasion des réunions des chefs d'État du G8 et du G20.

Si ce voyageur n'est pas un nouveau venu mais a déjà fait connaissance avec l'Afrique subsaharienne à la fin des années 1950, il sera encore plus surpris car, à cette époque, celle-ci était une terre d'espoir, « une nouvelle frontière », qui l'a fasciné par son énorme potentiel humain et agronomique. Le projet des nouveaux dirigeants africains consistait à faire émerger une nouvelle civilisation, avec le concours — temporaire — de jeunes coopérants européens. Ainsi près de la moitié de la promotion de l'Institut national agronomique de Paris (Ina) avait choisi en 1959 de démarrer sa carrière professionnelle en Afrique à la fin de ses études, et ce n'était pas pour faire du travail humanitaire ! À l'époque, c'était l'Asie qui accumulait les désastres : famines, épidémies, misères, guerres civiles et coloniales sur lesquelles prospéraient les mouvements nationalistes et communistes, si inquiétants pour l'Occident.

Aujourd'hui, les perspectives ont complètement changé. Quelles que soient leur situation géographique, leurs dimensions territoriales ou leur histoire coloniale, tous les pays d'Afrique noire sont en crise profonde, même le plus développé d'entre eux, l'Afrique du Sud. Comment expliquer ce renversement complet de perspective ? Est-il simplement conjoncturel, lié à une évolution de la pluviométrie ou à des politiques inappropriées ? Ou au contraire révèle-t-il des faiblesses structurelles de ce continent, les décennies 1950 et 1960 n'ayant été que des embellies illusoires et sans lendemain ?

La situation désastreuse de l'Afrique noire et sa marginalisation dans l'économie mondiale — qui s'est aggravée depuis les années 1970 — ont déjà donné lieu à une abondante littérature, à la suite du débat lancé dès 1962 par le professeur René Dumont avec son livre *L'Afrique noire est mal partie*.

Mon ambition n'est pas de relever le défi d'écrire un ouvrage de la même qualité, ni même de faire œuvre d'érudition. Cet essai porte simplement le témoignage d'une vie professionnelle consacrée aux agricultures de l'Afrique noire, qui a démarré à la fin de la période coloniale et que les hasards de l'existence ont amenée à passer de la conduite de projets de développement à l'animation d'équipes d'enseignants et de chercheurs, ce qui a permis de multiplier les points de vue et les expériences.

Il comporte deux grandes parties : une analyse de la situation actuelle de l'Afrique noire et de ses causes, suivie par quelques recommandations de politique agricole susceptibles de permettre aux agriculteurs africains de relever les défis actuels.

# 1960-2010 : un changement dramatique de perspective

Pour rédiger cet essai, il fallait en circonscrire le cadre géographique. En effet, l'Afrique est un continent immense et fort divers : du nord au sud et de l'ouest à l'est se succède une infinie variété de climats, de paysages et d'ethnies aux langues, croyances et coutumes les plus diverses, au point qu'il est toujours difficile de parler de l'Afrique en général. Mais en même temps limiter l'analyse au terroir de l'une de ses innombrables ethnies serait trop réducteur. Les géographes, de concert avec les historiens, recommandent de bien prendre en compte les échelles de l'espace combinées avec celles du temps. Il est ainsi habituel de distinguer le Maghreb, le Mashrek, l'Afrique de l'Ouest, l'Afrique centrale, l'Afrique de l'Est et le sud de l'Afrique[1]. Compte tenu de mon parcours professionnel, cet essai va surtout concerner l'Afrique de l'Ouest et, pour être encore plus précis, les zones tropicales humides qui ont accueilli mes premières expériences professionnelles. Bien entendu, certaines réflexions ont une portée plus générale.

## Les décennies 1950 et 1960, le temps d'un développement illusoire ?

De tout temps, le climat a joué un rôle fondamental dans l'évolution des écosystèmes africains. En particulier, un

1. Faut-il inclure Madagascar dans l'Afrique ? La question se pose, tant la culture, la langue et les coutumes de la Grande Île restent profondément marquées par l'origine indonésienne de ses habitants. La question se pose également s'agissant de l'île Maurice. Il reste que ces pays sont membres de l'Organisation de l'unité africaine (OUA). Ils font donc partie de l'Afrique politique.

assèchement progressif a provoqué la création de l'immense désert au Sahara, il y a quelques milliers d'années. Plus récemment, l'Afrique de l'Ouest a vu se succéder années sèches et pluvieuses. Ainsi des sécheresses très sévères ont marqué les années précédant la première, puis la seconde guerre mondiale. En revanche, les pluies ont été régulièrement au rendez-vous entre 1945 et 1970, ce qui a eu un impact positif sur la situation économique et politique générale. Pendant cette période, la France mit en œuvre, pour ses colonies, une politique financière généreuse, à travers le Fonds d'investissement économique et social (Fides), pour les remercier de l'appui qu'elles lui avaient apporté durant la seconde guerre mondiale. Ce soutien s'inscrivait bien entendu dans la lutte d'influence que se livraient alors l'Est et l'Ouest. Il a fortement bénéficié de la croissance exceptionnelle des économies occidentales, à la suite de la seconde guerre mondiale (les « trente glorieuses »).

Cela explique le fait qu'en 1960 la plupart des indicateurs étaient au vert en Afrique noire. Les populations étaient normalement nourries, même s'il y avait encore une alimentation insuffisamment riche en protéines animales — situation très différente de ce que l'on observait à l'époque en Amérique latine et en Asie (Castro, 1951). Les infrastructures de transport ainsi que les systèmes de santé et d'éducation étaient encore bien insuffisants mais s'amélioraient chaque jour. Et c'est en Afrique noire que les grandes entreprises investissaient : Michelin au Nigeria, Pechiney en Guinée, et bien d'autres… En conséquence, le revenu moyen par habitant était deux fois plus élevé en Afrique noire qu'en Asie et, sauf en Guinée, la transition politique vers l'indépendance se passa remarquablement bien avec, en général, le maintien d'une sécurité publique satisfaisante.

Cette situation favorable se prolongea au cours de la décennie 1960, jusqu'au retour de périodes de grande sécheresse au début des années 1970.

Aujourd'hui, la situation a changé du tout au tout : l'Asie qui, il y a cinquante ans, accumulait les désastres et les inquiétudes de la planète, est devenue l'atelier du monde. En revanche, l'Afrique subsaharienne est au centre de toutes les préoccupations.

Sa situation est en effet extrêmement grave, comme le souligne le rapport intitulé *Notre intérêt commun*, publié par la Commission pour l'Afrique (2005), composée de dix-sept membres et présidée par le Premier ministre anglais Tony Blair, dans le cadre de la préparation de la réunion du G8 de Londres en 2005.

## Une agriculture en régression et des écosystèmes dégradés

Commençons par l'agriculture, puisque c'est la thématique principale de cet essai. La production agricole n'est pas parvenue à suivre la croissance démographique de l'Afrique noire[2]. Elle reste une agriculture désespérément manuelle, avec une très faible productivité du sol et du travail : équipements agricoles médiocres avec peu d'utilisation de la force animale et très peu de motorisation, stagnation, voire diminution des consommations d'engrais, de l'ordre d'une dizaine de kilos par hectare et par an, stagnation également de l'irrigation (4 % des surfaces) et de l'emploi de semences sélectionnées. Si on s'intéresse à la valorisation des récoltes, leurs pertes à ce stade y sont deux fois plus grandes que dans le reste du monde, du fait de l'insuffisance et du mauvais état des équipements et des moyens de transport.

En conséquence, la population agricole, qui représente dans la plupart des pays encore la majorité des habitants, n'est pas capable d'assurer leur autosuffisance alimentaire : aujourd'hui, sur les 600 millions d'Africains, 25 % sont chroniquement mal

2. Les données citées sont issues du rapport de la Commission Blair.

nourris et près de la moitié d'entre eux connaissent régulièrement les affres de la faim, notamment dans les campagnes qui ne bénéficient pas des facilités existant dans les grandes agglomérations. Les importations annuelles alimentaires commerciales sont évaluées par la Commission Blair à 22 milliards de dollars, plus 2 milliards de dollars par an d'aide alimentaire, autant de marchés qui échappent à l'agriculture locale.

Plus préoccupante pour l'agronome est la profonde dégradation des écosystèmes consécutive au développement excessif des agricultures itinérantes. Ce phénomène est lié bien évidemment à la croissance démographique exceptionnelle observée en Afrique de l'Ouest depuis la fin de la seconde guerre mondiale. Pour illustrer cette remarque, un seul exemple : jusque dans les années 1970, la limite de la forêt et de la savane en Côte d'Ivoire était caractérisée par ce que les géographes appelaient le « V Baoulé », triangle orienté vers le sud, dont les trois pointes étaient situées au niveau des villes de Toumodi, de N'Douci et de Dimbokro. Or, à la fin des années 1980, les forêts du sud de la Côte d'Ivoire avaient été tellement exploitées que le feu, pendant la saison sèche, s'avança bien au-delà du sud de la célèbre « colline des cacaoyers », qui jusqu'alors marquait la pointe sud du V Baoulé. Parallèlement, le flot des grumiers qui descendaient à des vitesses infernales les géants de la forêt ivoirienne vers le port d'Abidjan s'arrêta et les radeaux de bois qui envahissaient traditionnellement la baie du Banco s'évanouirent. Tous les observateurs ont constaté cette terrible dégradation des écosystèmes africains, de même que la quête éperdue des agriculteurs vers des fronts pionniers à jamais disparus.

## Une situation sanitaire préoccupante

Toujours selon la Commission Blair, la situation sanitaire s'est également aggravée au cours des dernières décennies : 50 % des personnes n'ont pas accès à une eau salubre et 60 % à des sanitaires de base ; 200 millions de personnes sont infestées de vers intestinaux et 250 000 femmes meurent chaque année en couches ; 25 millions d'Africains sont malades du sida, dont une majorité de femmes et 5 millions d'enfants. Cette épidémie a des effets d'autant plus dévastateurs qu'elle a été longtemps sous-évaluée : chaque année 2 millions de personnes en meurent, ce qui représente 62 % des décès causés par cette épidémie dans le monde. Certains pays africains sont particulièrement touchés, comme le Botswana (40 % de la population) et la Zambie, où 33 % des enfants sont affectés et où l'espérance de vie est revenue en-dessous du niveau qu'elle avait atteint au cours des années 1950. On ne s'étonnera pas que, du fait de cette mauvaise situation sanitaire, 4 millions d'enfants meurent avant l'âge de 5 ans, souvent à cause de maladies qui pourraient être facilement soignées, comme le paludisme. Mais, du fait de la pauvreté générale, les dépenses de santé annuelles ne sont que de 13 à 23 dollars par personne contre 200 dollars en Europe. En conséquence, le nombre des orphelins est considérable : 43 millions, dont 12 millions à cause du sida, chiffre qui est en constante augmentation. À noter que 71 % des enfants qui se prostituent sont des orphelins.

## Une puissance publique déconsidérée

Cette situation dramatique résulte d'un effondrement de l'État. Malgré une administration aux effectifs souvent pléthoriques, les services publics de base sont de moins en moins assurés : ainsi 40 millions d'enfants n'ont pas la possibilité d'aller à l'école, même pour quelques mois. L'État est considéré par beaucoup comme un prédateur : 25 % des marchés publics donneraient lieu à des détournements. La partie des montants provenant de pratiques de corruption et détenue dans les banques étrangères à l'Afrique serait équivalente à la moitié de sa dette. Ce qui favorise le déclenchement de guerres civiles meurtrières, comme celles qui ont ravagé hier la République démocratique du Congo et le Tchad, en 2010-2011 la Côte d'Ivoire, aujourd'hui le Soudan, causant près de mille morts par jour. Les budgets des opérations militaires, y compris celles de l'Onu, se chiffrent par milliards de dollars, sans compter le coût de reconstruction des infrastructures détruites.

## Des performances économiques médiocres

De telles situations ont, bien entendu, leur traduction économique, avec des revenus par habitant en forte régression et une place de l'Afrique sur le marché mondial passant de 6 % des échanges mondiaux en 1960 à 2 % en 2000. De tous les continents, l'Afrique est le seul à connaître une telle régression. Alors que l'Asie vit une véritable renaissance, qui en fait aujourd'hui le centre du monde économique à venir et lui permet d'éloigner de ses rivages les sinistres spectres de la famine, de la maladie et de la guerre.

## L'explosion des commerces illicites

Pour tous les responsables, y compris européens, la conséquence la plus préoccupante de cette dégradation est le développement spectaculaire, au cours de la dernière décennie, des commerces criminels (voitures volées, armes et drogues), qui alimentent le commerce transsaharien et transforment peu à peu les zones sahéliennes de l'Afrique de l'Ouest en un second Afghanistan, comme le démontrent abondamment les activités de l'Aqmi dans cette région (Michailof, 2010).

Jusqu'à la fin des années 1990, les régions soudaniennes qui les jouxtent avaient bénéficié d'un important programme de développement autour du coton, soutenu avec une persévérance exemplaire par la Coopération française : alors que les exportations de fibres étaient inexistantes au moment de l'indépendance, 2,5 millions de tonnes de coton étaient exportées en 2000, pour une valeur de 4 milliards de dollars. Il s'agissait d'un véritable programme de développement global puisqu'il concernait également les cultures vivrières et était accompagné de nombreuses actions sociales.

Mais ce programme a été fortement déstabilisé au cours des dix dernières années : d'une part, les cours mondiaux du coton ont été profondément perturbés par les subventions des États-Unis à leurs producteurs de coton. D'autre part, au fil du temps, les sociétés d'État qui organisaient dans chaque pays le développement des filières du coton avec le soutien d'une société d'État française, la Compagnie française des textiles tropicaux (CFDT), ont rencontré des problèmes de gestion. Ceux-ci étaient liés à des missions de service public exagérément étendues, sans contreparties financières, « au moment même où ces sociétés devenaient des institutions en proie à une prédation organisée par des cadres indélicats et/ou des réseaux politiques locaux » (Michailof, 2010).

La Banque mondiale, qui est aujourd'hui l'institution financière de référence de l'Afrique de l'Ouest, a alors exigé la privatisation de ces structures, au lieu de procéder à leur rénovation[3]. Ce qui a entraîné leur démantèlement. Or le secteur privé s'est révélé incapable de prendre le relais, malgré ce que prévoyaient les théories économiques les plus en vogue aujourd'hui. La France n'a pas pu — ou voulu — s'opposer à cette politique, d'abord parce que le budget de la Coopération a subi des coupes extrêmement sévères depuis la fin des années 1990, malgré les discours généreux du président Chirac, et que, d'autre part, les critiques contre ce qui est dénommé la Françafrique ont mis à bas ce remarquable outil de coopération pour le développement.

Il en est résulté un effondrement des activités économiques des zones productrices de coton, à l'exception du Burkina Faso,

3. Oubliant hélas les recommandations du célèbre proverbe anglo-saxon de « ne pas jeter le bébé avec l'eau du bain » !

ainsi que des services publics qui y étaient liés. S'y ajoute aujourd'hui une crise de l'économie touareg, due en partie à la croissance démographique de ces populations. Tous les ingrédients sont donc réunis pour faciliter l'émergence d'une économie mafieuse qui assure un minimum de services aux populations de ces régions laissées à l'abandon.

Dernier élément de la situation : l'entrée de la Guinée-Bissau dans la zone franc CFA en 1998. Or ce pays est devenu un État voyou, dominé par les mafias de la drogue. Il ne faut donc pas s'étonner si les trafics de drogue au sein de l'Afrique de l'Ouest ont doublé en volume depuis 2005, les experts estimant qu'aujourd'hui près de la moitié de la cocaïne consommée en Europe passe par le Sahara[4].

Les États, y compris occidentaux, ont tendance à réagir en multipliant les mesures sécuritaires. Mais, comme l'enseigne le maréchal Lyautey, dont une des maximes célèbres affirmait qu' « un chantier vaut un bataillon », cela ne permettra pas de rétablir la sécurité publique. II n'y a pas d'autres voies que de prendre les dispositions nécessaires pour relancer le développement économique et social de ces régions. Rappelons à cette occasion les risques calculés que fit prendre Lyautey aux équipes sanitaires qu'il envoyait dans les zones en cours de pacification du Maroc pour y rétablir la sécurité.

---

4. Comme en témoigne l'épisode fameux du Boeing bourré de cocaïne, dénommé Air Cocaïne, qui avait atterri en novembre 2009 en plein désert malien. Une fois sa cargaison vidée, il n'avait pu redécoller et avait été incendié sur place par les trafiquants. Cet incident fut longtemps tenu secret par les autorités locales.

# Les causes apparentes de la situation actuelle de l'Afrique subsaharienne

Face à ces réalités que les médias illustrent régulièrement et qui alimentent un afro-pessimisme atteignant même les cadres africains les plus motivés par le développement de leur pays, chacun essaie de comprendre ou recherche des coupables. Les anciens pays colonisateurs sont naturellement des cibles toutes désignées. Sont également invoqués l'insuffisance des infrastructures, les facteurs économiques, financiers, sociologiques et finalement politiques. Passons-les en revue.

## Les ex-pays colonisateurs

Les entreprises coloniales des Européens à partir du XIVe siècle sont uniques par leur ampleur, mais elles ne sont pas les seules dans l'histoire : sans remonter à l'Antiquité méditerranéenne, rappelons l'expansion chinoise dans l'Extrême-Orient, celle des Aztèques et des Incas en Amérique latine, la conquête des îles du Pacifique par les Polynésiens ou celle des terres arctiques par les Inuits. Chaque fois, ces impérialismes sont le fruit de révolutions technologiques et ont permis la diffusion, outre de savoirs et d'outils nouveaux, de plantes et d'animaux utiles à l'homme. Mais ils ont été accompagnés chaque fois par des actes de violence et d'oppression souvent inouïs et surtout par une atteinte systématique à la dignité humaine des peuples colonisés.

En ce qui concerne la colonisation de l'Afrique noire par les Européens, le traité de Berlin (1885-1886), qui la répartit entre les puissances européennes, a fort mauvaise presse. Non seulement il est le signe de cet asservissement insupportable, mais encore, ayant réparti les territoires en fonction de l'état des conquêtes et des connaissances de l'époque — qui étaient fort lacunaires —, il est souvent accusé d'être à la base de tous les conflits actuels. C'est oublier néanmoins que le traité de Berlin fut d'abord un traité de paix qui épargna à l'Afrique, pendant au moins quatre-vingts ans, des guerres qui auraient pu être très meurtrières[5].

La colonisation permit une valorisation des ressources agricoles et minières de l'Afrique noire, jusque-là inexploitées. Mais cette exploitation s'est faite très largement au profit des puissances étrangères. Celles-ci freinèrent délibérément leur transformation sur place, donc leur valorisation locale. De leur côté, les États nouvellement indépendants n'ont pas su accompagner le mouvement d'industrialisation qui a caractérisé la décennie 1970 : huileries, sucreries, usines de cacao, usines textiles…

Une des critiques les plus virulentes de la colonisation européenne concerne la traite négrière, qui priva l'Afrique noire, sur une période de deux siècles, de trente millions des siens[6], en général des jeunes gens dans la force de l'âge. Ce commerce infâme est un crime contre l'humanité imprescriptible. Mais les historiens le replacent aujourd'hui dans l'histoire du continent (Kakou, 2011). Ils font remarquer que la traite d'esclaves a existé de tous temps en Afrique noire. Elle était pratiquée en son sein de la même façon que dans les régions méditerranéennes pendant l'Antiquité : 20 à 30 % de la population de certaines régions ont pu être maintenus dans l'état servile

5. René Tourte rappelle volontiers les paroles du cheikh Sidi El Hadj Malick, grand chef de la confrérie des Tidjania du Sénégal en 1914 : « Quand la France n'aurait rendu aucun autre service aux Sénégalais que de les empêcher de se dépouiller, de s'égorger les uns et les autres et de répandre leur sang, ce bienfait suffirait à lui-seul ».

6. Dont seulement un tiers survécurent à leur transfert transatlantique.

jusqu'au XIX^e siècle. Elle a alimenté le commerce transsaharien pendant plus de deux mille ans. Enfin, elle a constitué une partie importante du trafic que les Arabes avaient organisé à partir du X^e siècle entre les côtes orientales d'Afrique et l'Asie (Inde).

Observons également qu'en raison de son état sanitaire l'Afrique noire ne fut jamais une colonie de peuplement pour les Européens — à l'exception notable du sud de l'Afrique —, à la différence de ce qui se passa à partir du XVI^e siècle dans les Amériques.

L'accession à l'indépendance des colonies européennes d'Afrique noire entraîna un changement géopolitique majeur, le développement de ces nouveaux États se déroulant désormais dans un espace élargi aux dimensions du monde[7]. Ce qui a eu des conséquences importantes.

Ainsi, la lutte d'influence que se sont livrés pendant quarante ans les blocs occidental et soviétique a permis aux nouveaux États indépendants de bénéficier rapidement d'une importante aide internationale pour accompagner leur développement économique et social. C'était un changement majeur par rapport à la situation des colonies, qui ne pouvaient compter jusqu'alors que sur leurs propres moyens. L'écroulement du régime soviétique au cours des années 1980, qui faisait disparaître un des principaux objectifs de l'aide internationale au développement, conduisit les pays occidentaux à en faire le bilan (Michailof, 2010). Celui-ci révéla que son impact réel sur le développement économique était faible, en partie parce que cette aide, réservée aux entreprises des pays donateurs et à celles des pays bénéficiaires (aide dite « liée »), avait

7. À titre d'exemple, le commerce de la Côte d'Ivoire avec son ex-métropole, dont elle constituait une vitrine prestigieuse, représentait en 1960 73 % de ses exportations et 52 % de ses importations. En 2008, ses exportations vers la France étaient tombées à 7,3 % (en quatrième position derrière l'Allemagne, le Nigeria et les Pays-Bas) et ses importations à 16,7 % en deuxième position derrière le Nigeria et devant la Chine (Smith, 2010).

plus profité aux premières qu'aux secondes, mais aussi parce qu'une grande partie de cette aide s'était évaporée à travers les multiples intermédiaires intervenant dans les projets de développement[8] et avait donné lieu à de nombreuses affaires de corruption. Dans la mouvance de l'École de Chicago, très critique vis-à-vis des interventions de l'État dans l'économie, certains experts, comme Dambisa Moya, estiment même que l'aide internationale au développement est plus nocive que bénéfique, la qualifiant de fatale pour le développement des pays qui en bénéficient. Mais « si l'aide peut être fatale, l'arrêt de l'aide peut être encore plus fatal », comme l'écrit Erik Orsenna dans la préface de l'ouvrage de Michailof et Bonnel (2010), du fait de la solidarité qui lie de nos jours les pays industriels, émergents et en développement, à travers les problèmes d'émigration, de sécurité, de dégradation des écosystèmes et de changement climatique. Il reste que l'aide internationale au développement de l'Afrique noire se caractérise aujourd'hui par l'importance des promesses non tenues et par son fractionnement en de multiples projets insuffisamment coordonnés entre eux, source d'une bureaucratie envahissante.

Par ailleurs, jusqu'à l'indépendance, les productions agricoles coloniales s'inscrivaient dans le pacte qui liait chacune des colonies à sa métropole : elles s'échangeaient alors contre les produits industriels et les services métropolitains. C'était d'autant plus indispensable que, jusqu'au milieu du XX$^{e}$ siècle, les marchés agricoles locaux des colonies étaient inexistants et que, par ailleurs, l'Europe n'avait pu éradiquer les famines qui l'affligeaient périodiquement qu'en recourant à l'importation de produits agricoles provenant de ses colonies. À partir de 1960, tout change : l'indépendance des colonies

8. Déjà, pendant la seconde guerre mondiale, un compagnon du général Leclerc me racontait que, lorsque dix bouteilles de vin débarquaient à Douala pour approvisionner les troupes du Tchad, une seule parvenait réellement à destination !

africaines entraîne une dissolution progressive du pacte colonial et les pays européens s'engagent dans la mise en place d'une Politique agricole commune (Pac) avec l'objectif affiché de parvenir à l'autosuffisance alimentaire. Mais bientôt l'Europe devient structurellement exportatrice de biens agricoles, ce qui déséquilibre profondément ses échanges avec les pays du Sud. Pire, pour protéger les revenus de ses agriculteurs, elle subventionne ses exportations agricoles, conduisant à la ruine de nombreuses économies agricoles du Sud, notamment en Afrique noire, incapables de résister à cette concurrence. Cette critique concerne tout particulièrement la France qui, pendant une vingtaine d'années, mena une politique incohérente vis-à-vis de l'Afrique noire, puisque, d'un côté, elle soutenait une vigoureuse politique de coopération alors que, de l'autre, elle était le principal protagoniste de la Pac, dont une des conséquences fut d'entraîner la destruction des agricultures locales[9].

Cinquante ans après l'accession des colonies africaines à leur indépendance, est-ce vraiment encore justifié de tenir responsables les pays colonisateurs, et plus largement les pays industriels, de tous les maux de l'Afrique subsaharienne ? Rien n'indique qu'ils aient eu vis-à-vis d'elle un comportement plus agressif que vis-à-vis des autres pays du Sud. En définitive, l'impact durable de la colonisation européenne se traduit surtout par un modèle de consommation, hors de portée pendant longtemps encore, des populations locales. Ce qui génère de ce fait des frustrations d'autant plus vives qu'il est abondamment diffusé grâce aux technologies d'information et de communication modernes. C'est aussi la conviction encore trop largement partagée que la solution des problèmes africains passe d'abord par des partenariats avec les pays industriels, alors que cette ouverture au monde, nécessaire, devrait être accompagnée

9. Pendant longtemps il fut très difficile d'ouvrir les yeux des agriculteurs français sur cette réalité, tellement ils étaient persuadés que les exportations agricoles françaises vers le Sud contribuaient à la lutte contre la faim.

d'un pilotage régional interafricain. La persistance d'un mode de gouvernement autoritaire, incapable de trouver ses marques par rapport à la société civile, fait aussi partie hélas du legs de la colonisation européenne. Enfin, le maintien d'une « économie de comptoir » dominée par les importations et les exportations, contrôlées par quelques entreprises multinationales peu soucieuses de (et même en concurrence avec) la production locale pour la consommation locale, freine l'émergence d'une économie régionale dynamique.

## La faiblesse des infrastructures

L'Afrique subsaharienne a été impénétrable aux voyageurs durant des siècles : au nord, des espaces désertiques de plus en plus arides ; au sud, une barre côtière souvent infranchissable, sauf devant les estuaires ; à l'intérieur, peu d'axes de pénétration naturelle à travers une forêt tropicale inhospitalière et insalubre.

Au cours du siècle dernier, l'Afrique noire s'est dotée de bonnes infrastructures portuaires, qui pèchent toutefois par une organisation déficiente entraînant des coûts de manutention élevés.

Comme en général les activités économiques sont restées longtemps modestes, les premières infrastructures ferroviaires mises en place par les métropoles à la fin du XIX^e^ siècle, aux frais des colonies, ont eu pour objectif prioritaire de pallier les difficultés du transport par voie d'eau — souvent coupées à proximité des embouchures par des rapides — pour assurer le développement des nouvelles infrastructures portuaires. Ces réalisations ont eu parfois des coûts humains exorbitants, comme la ligne de chemin de fer Congo-Océan, qui relie Brazzaville à Pointe-Noire. Mais ensuite cette politique d'investissement ne s'est pas poursuivie. Ainsi il n'existe pas de réseau ferroviaire intra-africain d'envergure, en dehors de la voie Le Caire-Le Cap promue par Cecil Rhodes.

En revanche, les réseaux routiers se sont considérablement développés au cours de la seconde partie du XXe siècle, la latérite constituant d'ailleurs un excellent matériau pour confectionner des pistes. Grâce aux financements mis en place, notamment par le Fonds européen de développement (Fed), la plupart des capitales d'Afrique de l'Ouest sont aujourd'hui reliées entre elles par un réseau routier de qualité, bien que souvent entravé par des péages intempestifs. Mais les réseaux secondaires ne sont pas tous, loin s'en faut, en bon état du fait de la défaillance assez générale des services publics d'entretien.

Le réseau aérien est victime du même processus : les liaisons avec les grandes capitales européennes s'améliorent, alors que les liaisons intra-africaines restent fort lacunaires.

De la même façon, les liaisons informatiques par câble relient un nombre croissant de capitales africaines aux grands centres de ressources mondiaux. Mais les réseaux téléphoniques fixes intérieurs sont souvent déficients. Ce qui explique le succès phénoménal des téléphones cellulaires en Afrique subsaharienne et de toutes leurs applications (par exemple, les cartes téléphoniques jouent de plus en plus le rôle d'une monnaie).

La comparaison avec le Brésil est riche d'enseignements : cet immense pays ne dispose pas non plus d'un réseau ferroviaire fédéral. Pourtant il connaît un développement important de son commerce intérieur, fondé sur ses réseaux routiers et aériens performants. *A contrario*, la destruction des infrastructures publiques, due aux guerres civiles qui ravagent la République démocratique du Congo, plonge ce pays dans un chaos indescriptible. Ainsi l'insuffisance des infrastructures publiques, qui jouent un rôle essentiel dans les échanges de biens et de services, base de l'économie moderne, est moins la cause du retard du développement de l'Afrique noire que la conséquence des situations politiques et économiques qui y prévalent.

## Les handicaps économiques et financiers

L'Afrique subsaharienne est composée de pays de taille modeste, à l'exception du Nigeria, de la République démocratique du Congo et de l'Afrique du Sud. Il faudra ajouter à cette liste l'Angola et le Mozambique lorsque ces deux États auront cicatrisé les terribles blessures des guerres civiles qui les ont ravagés depuis leur accession à l'indépendance. En tout cas, aucun des États qui ont pris la suite des colonies françaises n'a la taille minimale pour pouvoir développer une politique économique autonome. Certains observateurs y voient la marque du pouvoir colonial, qui a voulu maintenir son influence en divisant pour continuer de régner. D'autres rendent le traité de Berlin responsable de cette évolution. Mais toutes les fédérations de colonies — comme celles de l'Afrique occidentale française (AOF) et de l'Afrique équatoriale française (AEF) —, mises en place par les colonisateurs pour créer de larges espaces économiques, ont explosé à l'indépendance et de nombreux États ont été l'enjeu de guerres civiles dont l'origine n'est pas liée uniquement au dessin des frontières. Certains de ces conflits avaient d'ailleurs des racines bien antérieures à la colonisation européenne, mais celle-ci avait su les contenir. Il faut donc convenir que les nouveaux responsables politiques, pris par la résolution de multiples tensions internes, n'ont pas compris, ou n'ont pas voulu comprendre, qu'il était impossible de développer une économie moderne sans une profondeur stratégique suffisante, pour employer un langage militaire.

Depuis les premiers mouvements d'émancipation africains, nombreux sont les dirigeants (N'Krumah, Kadhafi...) qui ont exalté l'unité africaine avec le soutien officiel de multiples gouvernants. Mais dans la pratique chacun se replie sur ses frontières nationales pour conserver ses privilèges.

À partir de là, tout s'enchaîne : faute d'espace économique suffisant, la plupart des États africains sont des fétus de paille sur le marché mondial. Ils ne peuvent mettre en place des régulations pour favoriser le développement de leurs propres activités économiques. Ce qui bien sûr affecte leurs ressources budgétaires, qui dépendent de plus en plus des taxes douanières (25 % des budgets). Celles-ci sont non seulement prélevées sur les biens et services échangés avec l'étranger, mais aussi sur le commerce intra-africain. Et comme les collectivités locales s'engagent dans le même processus pour disposer de quelques ressources, en multipliant les péages sur les axes de communication, les espaces économiques africains se fragmentent à l'infini, au grand dam des organisations économiques internationales : il y aurait ainsi un péage routier tous les 14 kilomètres sur la route reliant Abidjan à Lagos, soit plus de 400 dollars par camion (Commission Blair).

Comment s'étonner alors que le commerce intra-africain ne représente que 12 % du commerce global de l'Afrique ? Comment s'étonner que toutes les opérations commerciales soient d'abord considérées comme une occasion de percevoir une dîme par des agents dont le seul souci est de pouvoir passer la journée ? Ils sont ainsi complètement insensibles aux exhortations répétées de l'Organisation mondiale du commerce (OMC) de libérer le commerce africain. Dernier exemple : la Conférence des Nations unies pour le commerce et le développement (Cnuced) propose, dans son rapport annuel de 2011, que l'Afrique noire, dont la production manufacturière plafonne actuellement autour de 1 % de la production mondiale, prenne le relais de la Chine pour devenir le nouvel atelier du monde « à la condition absolument indispensable de construire un marché régional pour débloquer le potentiel manufacturier de l'Afrique »…

Car comment développer l'Afrique noire lorsque les frais de transport sont deux fois plus élevés qu'en Asie, que le coût de dédouanement d'un container à Dakar est l'équivalent de celui de son transport vers un port européen, que le transport d'une voiture du Japon à Abidjan coûte 1 500 dollars, alors que le transport d'une voiture d'Abidjan à Addis-Abeba coûterait 5 000 dollars, et que les frais de transport pour les États enclavés constituent des taxes à l'exportation de 75 % (Commission Blair) ?

Une autre raison du succès des économies asiatiques est la réussite de leurs politiques de diversification : il y a vingt ans, 20 % des exportations asiatiques concernaient des produits industriels ; aujourd'hui ce taux a été porté à 80 % ! Pour sa part, l'Afrique noire est restée centrée sur les produits d'exportation traditionnels que sont le sucre, le café, le cacao et le coton, dont les cours sont particulièrement spéculatifs. Mais un tel redéploiement économique n'est possible que dans le cadre d'un espace économique beaucoup plus vaste que ceux d'aujourd'hui en Afrique.

Ces handicaps sont particulièrement lourds en matière agricole. Beaucoup d'experts rêvent d'un marché commun agricole couvrant toute l'Afrique de l'Ouest et permettant de faire jouer à plein les synergies entre les zones soudaniennes et équatoriales, entre les campagnes africaines et les agglomérations. Mais comment y parvenir avec un espace balkanisé et des agents contraints à des visions à très court terme ?

## Les handicaps sociologiques

La situation économique dramatique que connaît aujourd'hui l'Afrique noire n'est pas la cause mais la conséquence d'un rétrécissement continu de la vision des principaux acteurs au cours des cinquante dernières années : du temps de la France d'Outre-mer, la Commission du plan chargée de ces territoires conduisait ses travaux sur le vaste ensemble que formaient les colonies africaines et leurs fédérations. Avec l'indépendance, il n'a plus été question que de territoires nationaux. Puis, sous la pression de l'École de Chicago, l'élaboration de plans de développement a été abandonnée et l'espace public s'est restreint à des projets de plus en plus limités. Cette évolution s'est accompagnée de perspectives de plus en plus courtes : des plans quinquennaux à des pas de temps inférieurs à l'année, quand ce n'est pas la journée !

C'est pourquoi la principale erreur stratégique de la Banque mondiale est de n'avoir pas compris l'importance de promouvoir une vision large de l'avenir. Peut-on rappeler que le principal souci de Pierre Massé (1898-1987), commissaire général du plan du temps du général de Gaulle, était de lutter contre la propension des décideurs à se contenter du court terme ? C'est pourquoi, selon lui, l'État doit encourager les visions du long terme à travers un plan qui soit un réducteur d'incertitudes et ainsi favoriser les investissements à long terme, indispensables au développement économique. Bien au contraire, en mettant l'accent de manière excessive sur le marché, la Banque mondiale a encouragé les approches fragmentées et à court terme qui n'ont fait qu'aggraver la situation économique de l'Afrique noire.

Cette politique s'est traduite notamment par le démantèlement des filières agricoles qui avaient été mises en place avec beaucoup de soin au cours des années 1950 et 1960. Certes, leur gestion appelait de nombreuses critiques dans la mesure où progressivement les mesures d'inspiration sociale et politique — avec la corruption qui les accompagne — prenaient le pas sur les activités économiques. Mais il fallait les réformer, et non les démanteler, pour ne pas laisser libre champ aux trafics mafieux qui gangrènent aujourd'hui les campagnes africaines. Cela a déjà été indiqué pour les régions sahélo-soudaniennes, mais doit être généralisé, par exemple pour comprendre les derniers événements de Côte d'Ivoire. La politique de substituer complètement le secteur privé à l'État est plus qu'une erreur : une faute !

Les mêmes critiques s'adressent à la France : il est regrettable que la remise en cause nécessaire du système dénommé

Françafrique, en raison des trafics et de la corruption qu'il aurait engendrés, n'ait pas débouché sur une politique africaine à long terme. L'Union européenne ne semble pas avoir accouché non plus d'un grand dessein, à la mesure des fonds qu'elle consacre à l'Afrique noire. Au contraire, il est impressionnant d'observer avec quelle obstination méthodique la Chine développe ses partenariats avec l'Afrique, en privilégiant bien entendu ses intérêts nationaux.

Ce climat psychologique de l'Afrique d'aujourd'hui a d'autres conséquences importantes : comme les Africains n'ont confiance ni dans l'avenir de leurs pays (et en particulier en leurs dirigeants), ni dans celui de leur continent, ils placent leur épargne à l'étranger, dès qu'ils le peuvent. Ainsi la Commission Blair estime que 40 % de l'épargne africaine est placée en dehors de l'Afrique, alors que ce taux ne serait que de 6 % pour l'Asie du Sud et de 3 % pour l'Asie de l'Est. Cette fuite des capitaux est compensée en partie par les transferts financiers auxquels procèdent les émigrés au profit de leurs familles restées dans leurs villages d'origine. Mais elle a un effet déflationniste considérable sur les économies africaines.

Cette absence de perspective favorise le *brain drain* des cadres vers l'étranger. Ils ont été pourtant formés à grands frais dans leurs pays d'origine, qui en ont terriblement besoin. La Commission Blair estime ce flux à 70 000 cadres par an. Il y a plus de chercheurs africains en poste aux États-Unis que dans toute l'Afrique noire. La même observation peut être faite en ce qui concerne l'Europe.

L'état de l'opinion publique africaine explique le désintérêt de ces pays pour les questions climatiques et environnementales : quand on gagne un ou deux dollars par jour et qu'il n'y a pas d'autres solutions pour se nourrir et satisfaire ses besoins énergétiques les plus pressants que de surexploiter les forêts qui se trouvent à proximité, comment peut-on s'intéresser aux problèmes du changement climatique et en particulier à la préservation des forêts tropicales ? C'est pourquoi les projets de partenariat avec les pays du bassin du Congo débattus dans le cadre de la conférence de Copenhague doivent faire l'objet d'une attention particulière afin qu'ils répondent bien aux objectifs qui leur ont été assignés. En tout cas, le développement économique des pays africains est une priorité absolue pour assurer la sécurité et la paix dans le monde. Certes les protections sociale et environnementale contribuent au développement économique. Mais seul celui-ci garantit leur pérennité. Il doit avoir le pas, même sur le développement social. Les Chinois l'ont bien compris, qui inscrivent leurs actions dans une vision géostratégique à trente ans. Et les pays industriels ont une immense responsabilité : ils doivent rapidement apporter la preuve qu'un bon niveau de vie est possible sur le long terme pour tous les habitants de notre planète en réduisant leurs consommations excessives et en optimisant la valorisation durable des ressources naturelles. Car les pays du Sud supporteront de moins en moins de devoir se contenter d'un niveau de vie sensiblement inférieur au leur. Ce n'est qu'à cette condition que les pays du Sud accepteront de participer à la lutte contre le changement climatique.

L'autre grand phénomène sociologique qui bouleverse l'Afrique noire est celui de l'urbanisation. De 37 % de la population africaine en 2005, les urbains pourraient, au rythme actuel, devenir majoritaires à partir de 2020. Les bidonvilles africains auraient accueilli 168 millions d'habitants en 2005. Deux souvenirs personnels : la première fois que je suis venu à Dakar en avion au début des années 1960, l'aéroport de Yoff était perdu au milieu des champs. Aujourd'hui, il est au cœur de la ville. De même, les travaux de construction du célèbre hôtel Ivoire à Abidjan ont commencé en 1964 près du village de pêcheurs dénommé Blokosso. Le site était alors occupé par un champ de manioc. Aujourd'hui, l'hôtel Ivoire est au milieu de l'agglomération abidjanaise.

Cette croissance des agglomérations n'est pas en elle-même critiquable du fait du rôle moteur que jouent les métropoles dans tous les pays, et plus particulièrement au Sud. Ce qui est préoccupant, c'est la vitesse du processus, qui déstabilise les économies et empêche les pouvoirs publics métropolitains d'accueillir dans des conditions acceptables les nouveaux venus.

Autre phénomène qui hélas n'est pas propre à l'Afrique mais qui a pris dans ce continent, au cours des dernières décennies, une dimension particulière : les guerres civiles. Elles suscitent l'émergence de camps de réfugiés sortis de nulle part, qui deviennent en quelques mois de gigantesques caravansérails au sein desquels prospèrent toutes les misères et tous les trafics.

## Les problèmes politiques

En passant en revue les différents facteurs qui expliquent la situation catastrophique des économies et des sociétés africaines, les questions politiques ont été constamment au rendez-vous, avec cette difficulté, jusqu'ici insurmontable, de donner au concept de l'État tout son sens : un espace suffisamment vaste pour permettre le déploiement d'une économie moderne, un espace suffisamment protecteur pour permettre à chacun d'exercer ses droits, mais aussi de remplir ses devoirs, un espace enfin au sein duquel tous les citoyens se sentent tenus les uns vis-à-vis des autres par une exigence minimale de solidarité.

À l'heure actuelle, l'État est trop souvent une machine prédatrice au service du clan au pouvoir. Les solidarités se développent toujours aujourd'hui d'abord au sein des ethnies, des familles et des confréries religieuses, comme celle des Mourides au Sénégal : la colonisation a créé des États africains, mais depuis l'indépendance ceux-ci ne sont pas encore devenus des nations au sens plein du terme.

Il ne faut donc pas s'étonner que, dès le début de l'indépendance, les fédérations qu'avaient constituées les pouvoirs coloniaux anglais et français aient rapidement explosé, les solidarités y étant encore plus fragiles que dans chacune des colonies qui les composaient. D'ailleurs, aujourd'hui encore, ces constructions coloniales n'inspirent aucune nostalgie[10]. Le projet de développer une coopération renforcée entre le Sénégal et le Mali, sur le modèle franco-allemand, associant le potentiel industriel du port de Dakar au potentiel agricole du bassin du Niger paraît toujours aux yeux de leurs responsables aussi chimérique qu'inutile.

Enfin, le processus qui conduisit à l'indépendance des colonies en Afrique noire fut, à la différence ce qu'on observa en Asie, non seulement une révolution politique mais, surtout, une révolution sociale. Il est en effet surprenant de noter, lorsqu'on examine de près les évolutions sociologiques au sein des villages vietnamiens, combien leurs structures sociales ont résisté aux bouleversements qu'ils ont subis au cours du XX^e^ siècle. Ce sont les mêmes familles qui contrôlent la vie du village et qui ont su trouver des compromis, avec le soutien de l'ensemble des villageois, pour rester au centre de la vie sociale et assurer ainsi une certaine stabilité, malgré toutes les révolutions politiques qui ont ravagé leur pays (Tessier, 2001). Rien de tel en Afrique noire. L'impact de la colonisation a été considérable sur l'organisation de la vie villageoise : au cours des années 1960, il était manifeste, par exemple, que plus on s'éloignait d'Abidjan, plus les villages étaient ordonnés et propres.

Ces bouleversements ont été amplifiés par l'indépendance, qui a permis le triomphe de ceux qui avaient su, les premiers, maîtriser les signes de la modernité, comme la langue européenne d'usage, souvent au détriment des notables

10. Grande différence avec l'Europe, encore baignée par les mythes de l'Empire romain et de la chrétienté du Moyen Âge.

traditionnels, trop confiants dans la pérennité de leur position sociale au sein de leur village. La plupart des dirigeants qui ont conduit leur peuple à l'indépendance étaient d'extraction modeste, à l'exception notable de Félix Houphouët-Boigny et de Nelson Mandela, issus de l'aristocratie. On peut penser que cette particularité a eu quelque importance sur l'histoire politique de leurs pays.

# Les causes structurelles de la situation actuelle de l'Afrique subsaharienne

La situation actuelle est donc le résultat de multiples causes logistiques, économiques, sociologiques et politiques. Pour aller plus loin dans l'analyse, il faut rechercher s'il n'y aurait pas un lien entre toutes les situations dramatiques qui viennent d'être présentées. Un premier constat s'impose : la pauvreté. C'est elle qui explique la situation actuelle de l'Afrique subsaharienne : si sa situation économique était plus favorable, l'état général des populations (santé, éducation, alimentation…) serait meilleur, la croissance démographique plus modérée, comme dans les autres pays du monde. En tout cas, il y aurait beaucoup moins de guerres civiles et de phénomènes de prédation.

Cette explication n'est toutefois pas entièrement convaincante car, dans les années 1950, la situation de l'Afrique noire était globalement meilleure que celle de l'Asie. Or, au cours du dernier demi-siècle, les cercles vicieux du sous-développement, si bien décrits par Gunnar Myrdal (1959), ont fonctionné à plein en Afrique subsaharienne, alors que l'Asie a su en limiter les conséquences et même les briser, tout en partant de plus bas.

Par ailleurs, l'histoire nous apprend que des sociétés ont su se développer dans une certaine harmonie, même dans un contexte marqué par la rareté des ressources matérielles, comme ce fut le cas au Japon pendant les deux cent cinquante années de l'ère des Tokugawa (1603-1867).

En faisant référence au Japon des shoguns, la réflexion se tourne inévitablement vers les aspects culturels du développement économique. Car un large consensus se dégage, souligné par la Commission Blair, pour reconnaître qu'à la base des problèmes actuels de l'Afrique noire il y a fondamentalement une question de gouvernance, plus large que l'exercice du pouvoir par le gouvernement, même si celui-ci y contribue de manière particulière.

## Une histoire particulière

À partir du moment où l'attention se focalise sur les aspects culturels de l'Afrique noire, elle conduit à s'intéresser à son histoire particulière. Celle-ci met en lumière son isolement du reste du monde jusqu'au XIX^e^ siècle. Il est remarquable que sa région forestière soit restée une aire de civilisation orale, alors qu'elle était en contact depuis des siècles avec deux grandes civilisations écrites : la civilisation arabe et la civilisation européenne.

Dès le X^e^ siècle, le Sahara tout entier fut soumis par des tribus pratiquant l'Islam, comme les Almoravides. Ils établirent le long des fleuves Sénégal et Niger des medersas (écoles coraniques) et des mosquées, comme la célèbre mosquée de Tombouctou élevée en 1935 par Mansa Moussa, empereur du Mali. Aujourd'hui encore, certaines d'entre elles subsistent. Elles conservent, au prix d'efforts renouvelés de génération en génération, de précieux manuscrits religieux. Pourtant l'expansion de la religion musulmane ne dépassa pas pendant longtemps la zone soudanienne. Il fallut attendre la colonisation européenne pour qu'elle reprenne sa marche en direction des pays du golfe de Guinée. En tout cas, la diffusion de l'écriture arabe fut très limitée pendant des siècles au sud du Sahara.

Sous l'impulsion d'Henri le Navigateur (1394-1460) et de Jean II (1455-1493), le Portugal se lança au cours du

XV^e siècle dans la recherche d'un accès maritime direct à la zone de production des épices, c'est-à-dire l'Insulinde. Les épices jouaient alors un rôle important dans l'alimentation de l'Europe médiévale, surtout au sein des classes aisées. Mais leur commerce était contrôlé par les pays arabes, qui prélevaient au passage des taxes jugées exorbitantes à l'époque. Une exploration méthodique établit une série de postes fortifiés le long du golfe de Guinée, à la fois escales sur la route maritime des épices et comptoirs pour développer les échanges commerciaux avec leurs hinterlands. Les principales étapes sont bien connues : le cap Bojador, qui marquait le point extrême de la navigation vers le sud pour les Européens depuis l'Antiquité, est franchi en 1434 grâce aux nouvelles caravelles qui remontent plus facilement au vent. Le Cap-Vert est atteint en 1444, la Sierra Léone en 1460, le fleuve Zaïre en 1481, le cap de Bonne-Espérance enfin en 1495, ouvrant la voie de l'Insulinde qu'emprunta Vasco de Gama en 1498. À partir des comptoirs qu'ils avaient installés, les Portugais développèrent un commerce actif avec l'intérieur des terres : or, ivoire, mais aussi verroteries, gomme arabique et plus tard armes à feu. Très rapidement, le trafic des esclaves y prit une grande place. Aussi est-il étonnant que, pendant les quatre siècles que durèrent ces échanges, l'écriture européenne ne se soit pas diffusée en Afrique noire.

À l'est de l'Afrique, le même processus est observé : dès le VIII^e siècle, les Arabes colonisent les côtes, mais se gardent de pénétrer à l'intérieur des terres pour développer un commerce à base d'or, d'ivoire et... d'esclaves. Ils n'y ont donc pas entraîné eux non plus une évolution des technologies locales.

Ainsi l'histoire de l'Afrique noire attire l'attention sur une remarquable « viscosité » qui l'a isolée du reste du monde. Trois grands facteurs semblent être à l'origine de cette singularité historique : les facteurs naturels, l'état sanitaire et l'impact de ces facteurs sur l'organisation sociale.

## Les facteurs naturels

Nous avons déjà souligné les difficultés d'accès de l'Afrique noire par la mer, avec la barre qui complique les transbordements des marchandises et des hommes vers les navires le long d'une partie des côtes et le nombre limité de fleuves côtiers pouvant servir de voie de pénétration du fait des rapides qui les coupent à proximité de leur estuaire. Trois autres aspects géographiques méritent de retenir l'attention : le Sahara, la forme de l'Afrique plutôt étalée du nord au sud, et la fragilité générale des sols africains.

### Le Sahara

Le Sahara a été très tôt occupé par des groupes humains qui y trouvaient notamment le gibier et les poissons nécessaires à leur alimentation. Mais à partir de l'an 7000 avant Jésus-Christ, il se dessèche. Ce processus aboutit six mille ans plus tard à la création du plus grand désert du monde. Les impacts de cette séquence climatique sont considérables pour l'histoire de l'Afrique subsaharienne. Ils sont souvent sous-estimés car de tous temps le Sahara a été une voie de passage. Mais les marchandises en cause relevaient plutôt du commerce de luxe : l'or qui a servi à la production monétaire de l'Europe jusqu'à ce que la découverte des Amériques à la fin du XV^e^ siècle le relègue au second plan, l'ivoire, très prisé par les classes dominantes européennes, les noix de kola… et, très tôt, les esclaves. En retour, les princes marchands qui régulaient ces trafics en Afrique noire importaient du sel, des produits de luxe et également des esclaves, plus tard des armes à feu. La conséquence est que c'est sans doute au Sahara qu'il faut imputer la faible diffusion vers le sud de la civilisation égyptienne ainsi que celle des autres civilisations européennes qui en ont pris la suite. En particulier, jusqu'à l'arrivée des Européens, aucune des techniques méditerranéennes n'avait traversé le Sahara, comme l'utilisation de la roue, l'araire, le moulin à eau ou à vent ou la monnaie métallique ! Pourquoi l'islam s'est-il diffusé sans les technologies de la civilisation arabe ? Cela reste une question sans réponse.

## La forme géographique de l'Afrique

Dans son livre *Terres de bonne espérance, le monde tropical* (1982), Pierre Gourou s'interroge sur les raisons qui ont conduit à ce que la révolution industrielle naisse en Angleterre. Cela l'amène à deux remarques judicieuses. D'abord, il est certain que dans la Chine des Song du XIIe siècle les conditions étaient réunies pour franchir ce pas décisif de l'histoire humaine. Mais ce qui l'a retenue est peut-être que les Chinois, peuple pragmatique, n'étaient pas habités par la recherche de l'absolu. La dialectique du *yin* et du *yan* leur paraissait suffisante pour comprendre les phénomènes qui les entouraient. Pour les Européens à la recherche de la « cause ultime », cette explication était tout à fait insuffisante. Ainsi développèrent-ils à partir de la Renaissance les réflexions abstraites, notamment à travers les mathématiques. Ils s'intéressèrent avec passion aux recherches que les Arabes avaient menées dans cette discipline dans la même optique. Cette révolution scientifique déboucha au XVIIIe siècle sur la révolution industrielle. Ensuite, Pierre Gourou s'intéresse à la forme des continents : il observe que la dynamique humaine passe par des cycles de civilisation se succédant dans le temps. Lorsque les continents s'étirent sur les mêmes latitudes, comme l'Eurasie, les transferts technologiques sont plus faciles parce que les changements climatiques sont moindres. Alors, au fil du temps, savoirs et techniques s'accumulent. En revanche, ce processus est beaucoup plus difficile le long des méridiens car les caractéristiques écologiques évoluent plus rapidement que dans le cas précédent (rappelons notamment que de nombreuses espèces végétales sont sensibles aux phénomènes du photopériodisme). La transmission des nouvelles connaissances et techniques est donc plus facile de l'est vers l'ouest que du nord vers le sud.

Cette dernière analyse est particulièrement pertinente appliquée à l'Afrique si on prend en compte les profondes différences existant entre les climats tempéré et tropical : dans le premier cas, les pluies tombent pendant la morte saison de l'hiver. Dans le second au contraire, les ondées coïncident avec les périodes de pleine végétation. Ce ne sont donc pas les mêmes espèces végétales qui peuvent exploiter ces deux situations. Voilà une raison supplémentaire pour expliquer pourquoi les techniques méditerranéennes, qui reposaient sur des cultures comme le blé, n'ont pas diffusé au sud, pays du sorgho et du mil. Cette analyse peut être généralisée lorsque l'on quitte les savanes pour entrer dans les régions forestières et atteindre les zones côtières. Au fur et à mesure que l'on se déplace vers le sud, il faut inventer de nouvelles techniques car ce qui a été appris auparavant devient peu utilisable. La stagnation des savoirs africains en devient plus compréhensible.

Mais cette remarque doit cependant être modérée par l'expérience de la Chine. Car ce pays s'étale des régions tropicales aux régions septentrionales : il est par exemple fascinant d'observer qu'au-delà d'une certaine latitude les cocotiers continuent de pousser sur les côtes chinoises mais ne donnent plus de noix. Cela n'a pas empêché la Chine de conduire des développements agricoles remarquables, dont il a déjà été question.

## Une très grande fragilité des sols

L'exubérance de la végétation tropicale impressionne toujours le voyageur. Dans les régions forestières, elle l'illusionne sur la fertilité des sols. Ce qui explique que le potentiel agricole de l'Afrique de l'Ouest fasse l'objet de débats passionnés entre experts depuis que les Européens ont commencé à l'investir.

Ce débat vient d'être relancé par la Banque mondiale et la FAO en 2009. Les deux institutions considèrent que cette région est un géant agricole endormi *(awakening giant)*, car, selon elles, « dans la région guinéenne de l'Afrique, couvrant approximativement 600 millions d'hectares, 400 millions d'hectares pourraient être utilisés à des fins agricoles, alors que moins de 10 % de cette surface est cultivée» (cité par Petit, 2011). Cette région pourrait donc devenir une grande région agricole si on pouvait y diffuser des pratiques agronomiques modernes, comme cela a été le cas il y a une cinquantaine d'années dans les *cerrados* du Brésil.

Face à ces perspectives enthousiasmantes, les agronomes de terrain qui connaissent bien cette région appellent à la plus grande prudence. Il est exact que seule une faible partie de la région est cultivée chaque année. Mais d'autres facteurs entrent en jeu.

D'abord rappelons que l'agriculture de cette région est encore, en général, une agriculture itinérante traditionnelle. Celle-ci n'est durable que si elle s'inscrit dans des jachères de longue durée. Si en moyenne 10 % de la superficie est cultivée, cela signifie qu'en moyenne les jachères sont d'une dizaine d'années. Ce qui est très court, puisque, pour assurer la durabilité de ces pratiques, il est recommandé de ne revenir sur le même champ que tous les trente à cinquante ans. En raison de la croissance démographique exceptionnelle de l'Afrique de l'Ouest depuis plus de soixante-dix ans, ce n'est plus possible. Il en résulte donc une chute inquiétante de la fertilité des sols de la région.

Peut-on ajouter que, dans ces systèmes d'exploitation, si les champs en jachère ne sont pas cultivés, cela ne veut pas dire qu'ils ne contribuent pas à la satisfaction des besoins des populations à travers, par exemple, des terrains de parcours pour les animaux domestiques et des pratiques relevant de la chasse et de la cueillette? Il faut donc les prendre en compte dans l'équilibre général des économies villageoises.

Enfin, la proportion retenue par les experts de la Banque mondiale et de la FAO s'appuie sur l'examen des images satellitaires. Celles-ci surestiment largement le pourcentage des sols cultivables, ces sols étant souvent affectés par des plaques de latérite indurée difficilement repérables sans reconnaissances sur le terrain. Si je me réfère à ma propre expérience, souvent 30 % seulement d'un terroir villageois peuvent faire l'objet d'intensification culturale majeure. Ce qui souligne l'importance des travaux d'agropédologie en Afrique de l'Ouest. Cette discipline agronomique semble hélas aujourd'hui moins attractive pour les jeunes scientifiques que, par exemple, l'amélioration des plantes ou la biotechnologie, alors que sa place est essentielle dans le développement agricole de la région. La situation est tout à fait différente dans les *cerrados* du Brésil, où il suffit de relever le pH des sols par un bon amendement phosphaté pour les mettre en culture sans se livrer au préalable à un inventaire pédologique détaillé.

La situation agropédologique de l'Afrique de l'Ouest est le résultat de son histoire géologique. Elle repose sur un socle ancien qui n'a pas été « rajeuni » depuis des centaines de millions d'années. De plus, son environnement climatique (pluviométrie et température) favorise le lessivage des sols ainsi que la formation de cuirasses latéritiques. Ce qui explique la grande pauvreté et l'extrême fragilité des sols africains. Enfin, cette histoire géologique explique aussi pourquoi les grands fleuves de la région n'ont pu se doter de plaines alluviales aussi fertiles qu'en Asie.

Enfin, il faut rappeler qu'à l'origine l'Afrique et l'Amérique du Sud ne formaient qu'un seul continent. Ainsi les sols de l'Afrique de l'Ouest sont plus proches de ceux du nord de l'Amérique du Sud, les *cerrados* se trouvant, eux, en continuité avec les sols du sud de l'Afrique (Angola). Or le bassin amazonien et les Guyanes se caractérisent, elles aussi, par des sols pauvres en éléments fertilisants, associés à des carapaces latéritiques.

Les conséquences de ce paysage pédologique sont considérables. D'abord, il n'a pas été possible de faire émerger une agriculture traditionnelle qui puisse dégager des productions commercialisables suffisamment importantes pour servir de socle à des civilisations complexes. Plus récemment, ce contexte explique pourquoi, au-delà de raisons liées aux systèmes d'encadrement sociaux et politiques de la région, l'Afrique de l'Ouest n'a pas été touchée par la révolution verte. Celle-ci a pris son envol dans des contextes agropédologiques favorables et y est restée cantonnée.

Pour autant, cette analyse ne signifie pas qu'il est impossible de cultiver les sols ouest-africains. Cela nécessite plus de sciences agronomiques (Pieri, 1989), de patience et de persévérance que dans les autres régions de la planète. Deux pistes devraient notamment être explorées par la recherche agronomique :
– les cultures associées, dont la synergie peut conduire à des systèmes agricoles exigeant moins d'engrais minéraux et de pesticides tout en donnant des rendements corrects ;
– les systèmes arborés, les mieux adaptés aux conditions écologiques des régions tropicales humides et équatoriales, qui pourraient déboucher sur des productions raisonnables de glucides et de protéines, comme cela a déjà été obtenu dans le domaine des oléagineux avec la sélection d'arbres très productifs en huile.

Ainsi, si l'Afrique de l'Ouest n'a pas jusqu'ici bénéficié de la révolution verte, elle pourrait être l'un des lieux d'élaboration de la révolution doublement verte que promeut avec passion Michel Griffon (2006).

Concluons avec René Dumont : « habit d'arlequin fort irrégulier, les terres d'Afrique paraissent dans l'ensemble inférieures à celles de l'Amérique tropicale. Elles restent en dessous de celles de l'Asie du Sud-Est, mais pas de la pauvre péninsule du Dekkan, ni des collines érodées de Chine du sud ».

## Les facteurs sanitaires et leurs impacts démographiques

La démographie se consacre à l'étude quantitative des populations et de leurs dynamiques. Elle souligne les spécificités de l'espèce humaine, qui compte parmi les espèces animales vivant le plus longtemps et se caractérise aussi par la durée de la période d'éducation des jeunes : il faut attendre une quinzaine d'années pour qu'elle atteigne l'âge de la reproduction. Enfin, les changements des comportements sociaux, et notamment ceux des concepts de base qui les régulent, comme les notions de temps, d'espace, de la famille, de la propriété.., deviennent de plus en plus lents au fur et à mesure que l'individu vieillit (Secrétariat social d'Alger, 1961).

La démographie est donc la science de la longue durée dont les approches sont privilégiées autant par les historiens pour comprendre le passé que par les prévisionnistes pour essayer de décrypter l'avenir : dans une trentaine d'années, un certain pourcentage de la population qui vivra à cette époque est déjà là aujourd'hui et ses caractéristiques sont déjà en partie connues. Chaque fois que des inflexions nettes dans les dynamiques démographiques sont observées, cela correspond à de grandes périodes de changement historique. C'est pourquoi l'analyse des évolutions démographiques de l'Afrique est si riche d'enseignements.

C'est particulièrement vrai de l'Afrique noire : sa situation actuelle est le fruit d'une longue histoire et, de plus, ses caractéristiques démographiques connaissent des changements importants depuis la fin de la seconde guerre mondiale. Pour en souligner la singularité, situons les phénomènes démographiques africains dans l'espace et le temps avant de pousser plus avant l'analyse.

## L'histoire démographique de l'Afrique

La population mondiale a longtemps oscillé autour de quelques centaines de millions d'individus. Puis elle a brusquement franchi, à la suite de la révolution industrielle née en Occident, la barre du milliard d'habitants au début du XIXe siècle. Elle atteint aujourd'hui le chiffre de 7 milliards. Elle devrait se stabiliser autour de 9 milliards d'habitants au cours de la seconde moitié du XXIe siècle, pour peut-être décliner ensuite. Ce qui constitue un changement considérable par rapport aux prévisions du célèbre démographe français Alfred Sauvy à la fin des années 1950, qui annonçait une population mondiale de l'ordre de 15 milliards d'habitants. Mais depuis cette date, du fait de la diminution continue du nombre moyen d'enfants par femme, les démographes sont revenus peu à peu à des perspectives plus raisonnables pour un agronome. Ce phénomène majeur, dénommé transition démographique, ne se déroule pas de la même façon dans toutes les régions du monde

Le tableau 1 est un essai de reconstitution de l'évolution de la population mondiale depuis le XVe siècle — qui marque une césure dans l'histoire du monde, avec l'émergence de l'Europe. Précisons que, pour cette analyse globale, l'Afrique comprend tous les pays à l'ouest du canal de Suez et que l'Europe inclut la Russie.

**Tableau 1. Évolution démographique mondiale entre 1500 et 2050 (en millions d'habitants, d'après Loungoulah, 1995)**

| Région | 1500 | 1750 | 1850 | 1900 | 1975 | 1990 | 2050 |
|---|---|---|---|---|---|---|---|
| **Afrique** | 85 | 80 | 100 | 122 | 411 | 642 | 2005 |
| **Amériques** | 41 | 17 | 61 | 144 | 563 | 710 | 1150 |
| **Asie** | 225 | 491 | 810 | 985 | 2279 | 3113 | 5260 |
| **Europe** | 62 | 128 | 195 | 284 | 474 | 607 | 550 |
| **Océanie** | 2 | 2 | 6 | 6 | 17 | 20 | 35 |
| **Total** | 415 | 718 | 1 172 | 1 541 | 3 744 | 5 092 | 9 000 |

Ce tableau, dont il ne faut retenir que les ordres de grandeur, traduit la forte progression de la population mondiale au cours des cinq cents dernières années, puisqu'elle sera en 2050 vingt fois plus importante qu'en 1500 ! Il montre aussi des trajectoires très différentes selon les continents.

L'Europe connaît une forte progression de sa population dès le XVIe siècle. Sa démographie est particulièrement dynamique au cours des XVIIIe et XIXe siècles. Cette croissance démographique a eu des effets importants sur les politiques européennes, du fait de la stabilisation des frontières des États à partir des célèbres traités de Westphalie de 1648 : concept de l'espace vital, invoqué pour justifier bien des conflits, vastes migrations intra-européennes des populations, notamment vers la France, qui fut le premier État européen à amorcer sa transition démographique... Cette période correspond également aux fortes émigrations européennes ultramarines, notamment vers les Amériques. Face à cette situation, une révolution agricole, née dans les Flandres au cours du XVIIe siècle, a permis une forte augmentation de la production agricole européenne, grâce à la suppression de la jachère. Après la première guerre mondiale, ce dynamisme démographique s'assagit. Aujourd'hui la population européenne est stable, voire légèrement déclinante (Allemagne, Russie), ce qui n'est pas sans entraîner d'importantes conséquences économiques et surtout politiques[11].

L'Asie voit sa population croître au même rythme que l'Europe et au même moment. En particulier, la population chinoise a fortement augmenté au cours des XVIIe et XVIIIe siècles. Les experts mettent ce fait en relation avec l'arrivée des « plantes de la Découverte », tomate, maïs, pomme de terre..., transportées par les Portugais depuis les Amériques. Cette croissance démographique a aussi un impact sur les relations entre les pays asiatiques. Elle débouche notamment sur une intensification durable de l'agriculture chinoise, engagée dès l'époque des Song du Sud (1137-1274) (Dos Santos, 2010), qui marque aujourd'hui encore les paysages agraires asiatiques. Mais la transition démographique n'est pas achevée, même si elle est bien engagée, notamment en Chine avec la poli-

11. Aujourd'hui l'Union européenne pèse encore pour 30 % dans l'économie mondiale. Il est vraisemblable que ce taux sera ramené à 15 % en 2050.

tique de l'enfant unique menée dans ce pays depuis le début des années 1950. Or l'Asie a déjà largement utilisé ses sols et ses eaux disponibles. L'amélioration du niveau de vie dans de larges couches de la population conduit à un accroissement des prélèvements en termes de biomasse. L'Asie va avoir à l'avenir de plus en plus de difficultés à satisfaire ses besoins, notamment dans le domaine de l'alimentation et de l'énergie. Cela explique la recherche méthodique de ressources minières et de terres qui caractérise notamment la politique chinoise vis-à-vis de l'Afrique.

En ce qui concerne les Amériques, ce tableau gomme les épisodes dramatiques qui ont accompagné l'arrivée des Européens au cours du XVI^e siècle. Cent ans après le débarquement de Christophe Colomb, la population des Amérindiens avait diminué de 90 % ! Les raisons de cette catastrophe ne sont pas à chercher dans un quelconque génocide organisé par les Espagnols et les Portugais. Elles résident tout simplement dans le choc microbien causé par la diffusion des maladies contagieuses européennes (variole, oreillons, tuberculose…) parmi les populations locales, complètement démunies de facteurs de résistance (van Ruymbeke, 2009). Ainsi l'île d'Hispaniola, occupée aujourd'hui par la République dominicaine et Haïti, comptait un million d'habitants à l'arrivée des Espagnols. Un siècle après, les autochtones n'étaient plus que 500 ! Les chroniques rapportent les épidémies successives qui ont décimé les populations amérindiennes, notamment au début de la colonisation européenne. Les Amériques avaient donc un statut sanitaire globalement plus sain que l'Europe et surtout que l'Afrique noire[12]. Les conséquences économiques, politiques et humaines de ce choc microbien ont été considérables. Dès

12. La seule maladie grave que les marins aient rapportée des Amériques, et ce dès le début, est la syphilis, qui causa la mort de milliers d'Européens. Alors que le premier voyage de Christophe Colomb date de 1492, elle est signalée dès 1493 à Barcelone. Elle contamine Canton à partir de 1505 : la mondialisation était donc déjà une réalité !

le XVII^e^ siècle, les Européens étaient devenus majoritaires. Certains d'entre eux avaient remarqué très tôt combien les Amérindiens étaient sensibles aux maladies dites européennes : Claude Lévi-Strauss rapporte dans *Tristes tropiques* que les colons brésiliens avaient encore l'habitude, à la veille de la seconde guerre mondiale, de placer des linges portés par des malades de la tuberculose aux endroits de passage des tribus indiennes dont ils convoitaient les terres...

L'évolution de la population africaine, quant à elle, se caractérise par une grande stabilité jusqu'aux abords de la seconde guerre mondiale : la colonisation européenne n'a pas provoqué de chocs sanitaires, comme aux Amériques. Bien au contraire, ce sont les Européens qui étaient victimes d'une forte mortalité lorsqu'ils se rendaient en Afrique noire, ce qui suggère un statut sanitaire plus sévère par rapport à l'Europe. Après la seconde guerre mondiale, au contraire, l'Afrique s'est engagée dans une croissance démographique extrêmement forte : le taux de croissance de la population africaine est actuellement de 2,3 % contre 1,5 % pour les autres pays en développement et 1,2 % pour l'ensemble de la population mondiale. Ainsi le pourcentage de l'Afrique dans la population mondiale, passé de 20 % en 1500 à moins de 10 % à la veille de la seconde guerre mondiale, remonte depuis rapidement. L'Afrique pourrait atteindre en 2050 plus de 2 milliards d'habitants, soit plus de 20 % de la population mondiale ! Cette croissance démographique exceptionnelle explique une partie des drames qui affligent ce continent : guerres civiles, souvent provoquées par des migrations interafricaines non contrôlées (par exemple en Côte-d'Ivoire), importance des populations réfugiées (près de 20 % dans cette situation à l'échelon mondial), drames de l'émigration sauvage vers l'Europe (en France, les personnes originaires de l'Afrique noire représentent déjà 10 % de celles qui sont nées à l'étranger).

Cette première analyse globale de l'évolution de la population africaine doit être affinée par grandes régions, car elle est loin d'être homogène. Il faut également essayer de rechercher les causes de cette inflexion majeure qui a commencé à se manifester entre la première et la seconde guerre mondiale.

La croissance démographique est très différente selon que l'on s'intéresse à tel ou tel pays de l'Afrique du Nord ou de l'Afrique noire, ou encore à l'île Maurice et aux Seychelles, au sein desquels la transition démographique est achevée (Gendreau, 2008). Si l'analyse se limite à l'Afrique noire, le contraste est saisissant entre l'Afrique de l'Ouest, dont la population croît de 3 % par an, c'est-à-dire double tous les vingt-deux ans, et celle de l'Afrique australe, dont la croissance démographique annuelle ne dépasse pas 1 % du fait d'une infertilité chronique des femmes de cette région, amplifiée par le sida. En Afrique de l'Ouest, il y a un basculement des populations, depuis la fin de la seconde guerre mondiale, vers les côtes du golfe de Guinée : c'est là que se trouvaient les activités économiques les plus dynamiques, les espaces forestiers apparemment inoccupés et également les biens importés à bas prix, comme les produits agricoles bradés par les pays industriels. C'est là aussi que sont implantées les principales agglomérations à la croissance extrêmement rapide, la plupart du temps autour des grands ports : Dakar, Abidjan, Lagos, Douala... Il ne faut donc pas s'étonner que ces régions soient aujourd'hui déchirées par de nombreux conflits : il y a en effet une grande corrélation entre les dynamiques démographiques et la localisation des conflits ethniques (voir par exemple les conflits qui ravagent la région des Grands Lacs).

Les phénomènes démographiques sont par nature multifactoriels. Il est donc très difficile de définir avec précision ceux qui ont provoqué l'explosion démographique en Afrique noire depuis la fin de la seconde guerre mondiale. Du moins peut-on penser que les grandes campagnes de lutte contre les principales épidémies, lancées dès le début de la colonisation par les services de santé des armées coloniales, avec l'appui d'instituts de recherche comme l'Institut Pasteur, ont progressivement fait reculer les principales maladies tropicales. L'ouverture d'axes routiers et le recul des zones boisées consécutif à leur exploitation forestière, puis à leur envahissement par des agriculteurs venant de zones de savane épuisées (les fronts pionniers), ont aussi joué un rôle important, notamment dans les régions proches du golfe de Guinée. Mais les principaux facteurs sont sans doute d'ordre socioculturel : la dislocation des sociétés traditionnelles, provoquée par l'intrusion brutale des Européens, a fait disparaître toutes les coutumes qui régulaient les naissances. La faible scolarisation des filles freine la diffusion des pratiques anticonceptionnelles : c'est ainsi qu'en Tunisie, où le taux de scolarisation des filles est analogue à celui des garçons grâce à l'action novatrice et persévérante du président Bourguiba, la population est désormais stabilisée en raison de l'emploi généralisé des méthodes contraceptives par les femmes. Ce n'est pas le cas du Maroc et moins encore celui du Tchad, où moins de 5 % des filles sont scolarisées. Il est frappant de constater la bonne corrélation entre les cartes de scolarisation des filles et celles des dynamismes démographiques.

## L'état sanitaire de l'Afrique noire

Cette analyse des caractéristiques démographiques de l'Afrique noire suggère que son état sanitaire est beaucoup plus sévère qu'en Eurasie et aux Amériques. Elle peut être contestée puisque l'Europe a connu elle aussi de graves crises sanitaires, avec la peste, le choléra, la petite vérole, la tuberculose, la grippe espagnole… D'autre part, les zones tropicales sont en moyenne plus délicates à maîtriser sur le plan sanitaire que les zones tempérées. Mais il faut reconnaître que les situations pathologiques sont particulièrement préoccupantes en Afrique noire pour toutes les espèces vivantes.

C'est vrai pour les espèces végétales : quand des semences étrangères sont importées pour enrichir les collections africaines, il est souvent difficile les cultiver « au champ », car elles sont l'objet de maladies inconnues dans leur pays d'origine. Alors que les plantes d'origine africaine sont appréciées par les généticiens du monde entier pour les caractères de résistance aux maladies qu'elles apportent dans les programmes de sélection.

C'est vrai également pour les espèces animales, avec le fléau particulier que représente la maladie du sommeil, la trypanosomose. Cette maladie limite strictement la disponibilité des bêtes de trait, ce qui a eu des conséquences considérables. Rappelons qu'en 1590, à la suite d'une expédition remarquablement préparée par la dynastie saadienne, les Marocains prirent Tombouctou avec des troupes montées à cheval[13]. Mais ils durent revenir au pays sur des dromadaires, leurs montures n'ayant pas résisté longtemps aux attaques des mouches tsé-tsé (le climat étant à cette époque sensiblement plus humide qu'aujourd'hui). Dans les régions forestières, les transports se faisaient essentiellement par porteurs avant que progressivement l'emploi de bovins résistants[14] ne vienne alléger leurs peines. Les échanges ne pouvaient donc qu'être lents et lacunaires.

C'est enfin vrai pour l'homme, qui est atteint par de nombreuses maladies tropicales : le paludisme, les amibiases, la fièvre jaune, le pian, la bilharziose, les filarioses, l'onchocercose...

Incontestablement la situation sanitaire de l'Afrique noire est un phénomène spécifique, particulièrement structurant de son histoire.

---

13. Cette expédition avait été conçue pour tenter de récupérer le trafic transsaharien, en constante diminution, que les Marocains croyaient à tort monopolisé par des États africains concurrents. Alors que cette évolution était le résultat des nouvelles routes commerciales ouvertes par les Portugais et de l'arrivée en Europe de l'or des Amériques, qui relativisait celui provenant de l'Afrique noire.

14. Comme les N'damas, qui ont été à la base du développement de la culture attelée en Guinée sous l'impulsion du gouverneur Georges Poirot à partir de 1914 (René Tourte, communication personnelle).

## Les relations entre démographie, alimentation et énergie

La croissance démographique exceptionnelle de l'Afrique noire pose d'abord la question de sa capacité à nourrir sa population dans l'avenir[15]. Philippe Collomb (1999) s'est penché sur l'évolution des besoins alimentaires mondiaux d'ici 2050. Il a considéré qu'ils ne résultent pas seulement du nombre de bouches à nourrir. Ils sont aussi fonction de la composition de la population : les jeunes et les femmes enceintes ont des besoins alimentaires supérieurs à ceux des personnes âgées. Philippe Collomb a également pris en compte une standardisation des régimes alimentaires à l'échelon mondial, dans le cadre d'une homogénéisation progressive de tous les comportements humains.

Le résultat de ces investigations est impressionnant : à l'échelle de la planète, il conviendrait de doubler le volume de la production agricole disponible pour satisfaire les besoins alimentaires mondiaux à l'horizon 2050. Mais avec de fortes variations régionales : si, pour l'Europe, Philippe Collomb prévoit une stabilité de la demande, voire une légère régression, il s'attend à un doublement des besoins en Asie et en Amérique latine et à un quintuplement des consommations alimentaires en Afrique, à l'ouest du canal de Suez ! Ce qui s'explique, pour cette dernière région, par le triplement de sa population et son désir de rattraper le retard par rapport au mode d'alimentation des Européens (mais avec un modèle plus sobre en protéines animales), qui tend à devenir le standard international.

Quand on confronte ces besoins aux ressources disponibles, les deux continents qui vont devoir faire face à de graves pénuries alimentaires dans l'avenir, compte tenu des ressources dont ils disposent, sont l'Asie et surtout l'Afrique.

---

15. Depuis la rédaction de ces lignes, Marion Guillou, présidente de l'Inra, et Gérard Matheron, président du Cirad, ont publié *9 milliards d'hommes à nourrir* (Éditions Bourin, 2011), livre auquel je renvoie le lecteur.

En Afrique, il faut passer comme précédemment à l'échelle régionale pour mesurer les impacts alimentaires de ces évolutions. Comme l'Afrique de l'Ouest compte parmi les régions les plus dynamiques sur le plan démographique, c'est là que les questions de sécurité alimentaire vont continuer de se poser avec la plus grande acuité. Déjà son alimentation est dépendante des importations alimentaires, ce qui explique les émeutes provoquées lors de la flambée des prix mondiaux des céréales en 2007-2008. Or, dans l'histoire de l'agriculture, jamais on n'a observé une croissance de la production agricole qui permette de la multiplier par cinq en cinquante ans. Tout porte à croire que cette performance restera hélas hors de portée de l'Afrique de l'Ouest d'ici 2050. Il est donc vraisemblable qu'à cet horizon le standard international y restera inaccessible à de larges couches de population. Ce qui provoquera de vives frustrations. Il sera donc difficile d'y contrôler les cavaliers de l'Apocalypse que sont les famines, les maladies et les guerres, pour en limiter les ravages.

La croissance démographique exceptionnelle de l'Afrique noire pose aussi la question de la satisfaction de ses besoins énergétiques. Les analyses débouchent sur des conclusions analogues (Bichat, 2011) : la consommation mondiale énergétique, exprimée en énergie primaire et en tonnes d'équivalent pétrole (tep), était évaluée à 11 Gtep par an en 2000. Les meilleurs scénarios de l'Agence internationale de l'énergie (AIE) suggèrent qu'en 2050 le produit intérieur brut (PIB) mondial aura quadruplé mais que la consommation d'énergie n'aura que doublé, grâce à une vigoureuse politique pour améliorer l'efficience des systèmes de production et de consommation. La place de l'Afrique (à l'ouest du canal de Suez) reste modeste en 2000 : de l'ordre de 560 Mtep par an. L'importance de la biomasse (270 Mtep par an) dans son bouquet énergétique la distingue puisque sa place dans le bouquet énergétique mondial n'est que de 10 %. À l'horizon 2050, la consommation énergétique de l'Afrique pourrait au moins quintupler pour suivre, à la fois, l'augmentation de sa population mais aussi celle des consommations individuelles, ce qui est incontournable pour maintenir la paix civile. À cette échéance, compte tenu des pressions qui seront exercées sur ses écosystèmes pour satisfaire ses besoins alimentaires, il est vraisemblable que la production d'énergie à partir de la biomasse en Afrique devrait rester du même ordre de grandeur qu'aujourd'hui. L'importance de l'émigration des populations rurales, forte consommatrices de bois de feu, vers les villes devrait faciliter ce phénomène.

En conclusion, pour répondre aux besoins des populations de l'Afrique de l'Ouest, la surface cultivée serait passée de 35 à 69 millions d'hectares entre 1980 et 2005 sans véritable amélioration des rendements (Petit, 2011). Mais ce processus touche à sa fin, alors que les écosystèmes de cette région vont subir des pressions encore plus fortes d'ici 2050. Il ne sera possible de relever ce défi que si s'enclenche une véritable révolution agronomique qui tienne compte des caractéristiques agropédologiques de la région

## L'impact de la démographie sur l'économie et la société

Ces analyses conduisent à s'interroger sur les liens entre la démographie et le développement économique, technique et social. Car la croissance d'une population n'entraîne pas automatiquement un développement des ressources humaines, en l'absence des systèmes de formation que celles-ci exigent. Les nombreux travaux de géographes, comme Pierre Gourou (1982), ou d'économistes agricoles, comme Ester Boserup (1970), nous apprennent que l'histoire de l'humanité est celle d'une co-évolution des sociétés, des techniques et des systèmes agraires, contrainte par l'évolution des densités démographiques (voir en annexe le tableau présentant une typologie des systèmes d'exploitation agricole). Hans Ruthenberg (1976) distingue cinq étapes, à intensité de travail croissante : les systèmes à jachère arbustive, les systèmes à jachère buissonnante, les systèmes à jachère herbacée, les systèmes à récolte annuelle et les systèmes à récoltes multiples. À l'issue de chacune de ces étapes, les populations ont le choix, plus ou moins conscient, soit de limiter leur croissance démographique — en pratiquant le recul de l'âge du mariage, l'infanticide ou l'élimination des personnes âgées — pour conserver leurs pratiques sans changement mais en stabilisant leurs consommations, soit d'accepter une augmentation de la population, mais en procédant aux changements sociaux et techniques nécessaires pour tirer de façon durable davantage de ressources de leur environnement. Chaque fois que la croissance démographique d'une population ne s'est pas accompagnée de tels changements, ces sociétés ont disparu (Diamond, 2006[16]). D'un autre côté, il n'y a pas de civilisation évoluée sans une certaine densité démographique permettant une spécialisation des tâches et le développement des cités. Celles-ci constituent de formidables stimulants pour les agriculteurs lorsqu'elles leur offrent, à la fois, de nouveaux facteurs de production, comme des outillages, et des marchés pour l'écoulement des productions dépassant l'autoconsommation villageoise. Mais ces changements ne sont favorables que lorsqu'ils se produisent suffisamment lentement pour laisser le temps aux populations de faire évoluer leurs comportements sociaux et aux nouveaux systèmes de production d'émerger, puis de se diffuser.

Appliquons ces analyses à la situation de l'Afrique noire : jusqu'à la seconde guerre mondiale, l'agriculture itinérante était la règle partout. En forêt, les populations se contentaient de pratiquer quelques abattis, d'y mettre le feu et de planter les végétaux nécessaires à leur consommation. Après une, voire deux récoltes, elles s'attaquaient à un bout de forêt voisin, ne

16. Dans son ouvrage, J. Diamond raconte l'histoire dramatique de peuples qui ont vécu de telles situations : Vikings du Groenland, Mayas d'Amérique centrale, Pascuans de l'île de Pâques.

revenant sur le même morceau de forêt que trente à cinquante ans plus tard. Ce système de culture a bien des avantages. Il n'exige que des outils rudimentaires, hache et bâton à fouir. Il assure une fertilisation suffisante des cultures et lutte naturellement contre les mauvaises herbes, qui sont peu à peu éradiquées par le recrû forestier. Alors que, dans des systèmes plus intensifs, ces deux fonctions — fertilisation et lutte contre les mauvaises herbes — requièrent beaucoup plus de travail de la part des paysans. Il en résulte que ces systèmes rudimentaires se caractérisent par une forte productivité du travail, les tâches agricoles ne prenant pas plus de deux à trois heures par jour en moyenne, laissant ainsi beaucoup de temps disponible pour les autres activités, dont les loisirs. Dans les régions de savane, les mêmes systèmes de production étaient pratiqués, mais avec des jachères buissonnantes qui ont entraîné l'invention de la houe pour lutter contre les mauvaises herbes et donc une augmentation de l'intensité du travail.

À partir de la fin de la seconde guerre mondiale, le dynamisme démographique qui s'installe brutalement ne laisse pas suffisamment de temps aux agriculteurs pour s'adapter : ainsi ils continuent à pratiquer l'agriculture itinérante, mais avec des cycles de plus en plus courts, très destructeurs pour la durabilité des ressources naturelles. Les agriculteurs des zones de savane n'ont d'autres ressources que d'aller chercher des terres vierges dans les régions forestières autour du golfe de Guinée. Dès qu'ils trouvent une piste forestière ouverte par les exploitants forestiers à la recherche de bois précieux tropicaux (extraction limitée à un arbre par hectare), ils l'empruntent pour installer des cycles de cultures sur abattis, eux aussi de plus en plus courts, qui détruisent progressivement la forêt. Cela entraîne des réactions de plus en plus vives des populations autochtones, qui au début avaient vu d'un bon œil l'arrivée de cette nouvelle force de travail. De leur côté, les grandes agglomérations portuaires se tournent de plus en plus vers l'étranger pour leur alimentation. Elles n'incitent donc pas les agriculteurs de leurs hinterlands à mobiliser des facteurs de production innovants pour aller vers de nouveaux systèmes de production agricole. Alors que c'est de la dynamique de l'intensification à partir des besoins urbains que l'on doit attendre des leviers pour leur développement, en majeure partie informels, surtout du fait de l'absence d'État (Cour, 2007).

En conclusion, ce qui est préoccupant dans la situation actuelle de l'Afrique de l'Ouest, ce n'est pas tant la densité démographique que son dynamisme, qui ne laisse pas le temps aux agriculteurs de s'adapter à de nouvelles situations. Ils continuent de pratiquer une agriculture itinérante devenue très destructrice pour les écosystèmes, alors qu'à l'évidence ils devraient se tourner vers des systèmes d'exploitation plus durables, mais exigeant davantage de travail, et donc nécessitant un temps suffisant d'adaptation. L'impact agricole de la croissance démographique qui caractérise l'Afrique noire depuis soixante ans mérite tout à fait le qualificatif de «bombe» qui lui est souvent attribué. C'est également une «bombe» sociale et politique parce que les pouvoirs publics sont dans l'incapacité d'accueillir convenablement les populations rurales affluant dans les grandes agglomérations et de leur proposer de nouvelles activités économique, du fait de la balkanisation des territoires.

## Les facteurs socioculturels et la question de la gouvernance

Une bonne gouvernance est un concept plus large qu'un bon gouvernement. Elle suppose «un climat dans lequel les citoyens ordinaires — qu'il s'agisse des petits agriculteurs ou des dirigeants des grandes entreprises — puissent poursuivre sereinement leurs activités quotidiennes et avoir le sentiment qu'il vaut la peine d'investir dans leur avenir» (Commission Blair). Pour que l'activité économique soit encouragée, « il faut des fonctions de base comme la sécurité, des politiques économiques saines adoptées dans les limites imposées par la loi, le prélèvement d'impôts et la prestation des services publics adéquats (santé, éducation, etc.). Il faut que des infrastructures physiques soient en place (routes, chemins de fer, eau, électricité et télécommunications). Mais il en existe bien d'autres plus abstraites, comme les systèmes juridiques qui protègent les droits de propriété de base, les droits de l'homme et l'exécution des contrats, afin de faire respecter l'ordre et de contrôler les gouvernements ». Ainsi il faut non seulement que les gouvernants fassent leur travail, mais surtout que la société toute entière les encourage à aller dans ce sens et que des contre-pouvoirs réels existent pour s'opposer aux excès de pouvoir qui pourraient les tenter.

L'examen de la situation agroécologique et de l'état sanitaire de l'Afrique noire permet de comprendre que l'isolement dans lequel elle a été maintenue jusqu'au XIXe siècle a considérablement freiné la transformation de ses systèmes sociaux. Puis l'irruption des Européens, en obligeant brusquement ces systèmes à évoluer rapidement, a eu des effets si dévastateurs qu'on ne peut s'étonner de la mauvaise gouvernance des États africains, soulignée par de nombreux observateurs. D'autres éléments doivent être versés à ce dossier : la culture africaine, le financement des classes dominantes africaines et le phénomène des *Big Men*.

## La culture africaine

Il est délicat pour un Non-Africain d'aborder ce sujet car la culture africaine est le fruit d'un effort plurimillénaire des peuples pour survivre et affirmer leur identité et leur dignité. Elle continue d'être l'une des sources les plus riches de l'art contemporain : musique, danse, peinture, sculpture…

Pourtant les systèmes sociaux dans lesquels elle s'incarne aujourd'hui semblent constituer un obstacle à l'évolution de l'Afrique noire et seraient à la base de toutes les difficultés que cette région rencontre actuellement. C'est la thèse que défend Moussa Konaté dans son livre *L'Afrique noire est-elle maudite ?* (2010). En effet, comme le dit Orsenna dans la préface de ce livre, ces sociétés reposent sur un « pacte fondamental de solidarité qui, en Afrique, soumet l'individu à la 'famille', ce vaste groupe dont personne ne connaît vraiment les limites, mais dont chacun subit la pression ». On voit bien les objectifs poursuivis : dans le contexte d'un milieu particulièrement sévère, l'individu ne peut survivre seul. Toutes les coutumes ont donc pour objet de préserver la solidarité du groupe, que ce soit dans le fonctionnement de la famille, la transmission des biens, la gestion du territoire... Et ces sociétés ont leur grandeur puisque personne n'est laissé sur le bord du chemin, avantage considérable dans des pays qui n'ont pas les moyens de se doter d'un système de protection sociale.

Mais ce mode de fonctionnement révèle aujourd'hui ses limites. Le modèle de la société occidentale repose sur l'affirmation de l'individu, la démocratie en est l'expression politique. C'est la base du fonctionnement des systèmes économiques modernes. Or, en Afrique noire, toutes les coutumes s'opposent à cette évolution. Elles mobilisent les ressources de la défense de l'honneur de la famille, et de la sorcellerie, à travers le jeu des bénédictions et des malédictions, pour maintenir fermement la cohésion du groupe ethnique sous l'autorité des anciens. Face aux bouleversements qui ont affecté l'Afrique noire depuis cent cinquante ans, ces processus se sont radicalisés. Ainsi, lorsqu'un membre de la « famille » a réussi, il est tenu de s'occuper sans limites de tous ceux qui s'en réclament, sous peine d'être frappé d'interdits qui le couperaient de ses racines[17]. Il lui est alors très difficile de réserver une part de ses revenus à des investissements productifs. D'un autre coté, ces coutumes favorisent des comportements passifs qui vont jusqu'au parasitisme. Enfin,

17. Un ministre africain me disait, avec le sourire, que, lorsqu'il était seul à table avec sa femme, ils étaient au moins douze...

dans les sociétés de tradition patrilinéaire, la femme occupe une place de second plan, étant uniquement considérée comme une génitrice au service du groupe. Heureusement, dans les sociétés de tradition matrilinéaire, comme chez les Baoulés, leur place dans la société est bien mieux reconnue.

L'anecdote qui suit illustre bien cette situation. Vers 1985, le gouvernement français avait accédé à la demande du gouvernement ivoirien de nationaliser les stations de recherche agronomique du Cirad[18]. Mais, n'étant pas en mesure de les prendre immédiatement en gestion, la Côte d'Ivoire demanda au Cirad de continuer à en assurer la direction dans le cadre d'un mandat de gestion. Je fus donc conduit à proposer un projet de convention, que je préparai avec soin avec mes collègues de la direction de cet établissement public car nous avions la conviction que, malgré tous nos efforts, le divorce avec nos amis ivoiriens était proche.

Je m'attendais donc à des discussions délicates. Mais elles ne se passèrent pas du tout comme je les avais imaginées. Car le point le plus sensible de la négociation concerna, à ma grande surprise, l'article 1 du projet de convention. Il était ainsi rédigé : « Le gouvernement de la Côte d'Ivoire confie un mandat de gestion au Cirad pour les stations X, Y et Z. Le Cirad s'engage à les gérer en bon père de famille pendant la durée du mandat de gestion. »

Après avoir lu cet article qui ne me semblait pas poser problème, je fus interpellé par un de mes partenaires que je connaissais

18. Le Centre de coopération internationale en recherche agronomique pour le développement (Cirad) a été créé en 1984 à partir de tous les organismes techniques français qui jusque-là étaient chargés de développer la production agricole dans les zones tropicales, notamment en Afrique noire francophone. La situation des stations de recherche agronomique françaises du sud de la Côte d'Ivoire était différente de celle des autres stations des instituts techniques français en Afrique. Ceux-ci en étaient les propriétaires alors que, dans la plupart des autres États, ils bénéficiaient d'une simple délégation de services publics.

bien pour avoir été son professeur : « qu'est-ce que cela veut dire : gérer en bon père de famille ? ». Je répondis que c'était une formule juridique issue du droit romain, signifiant que le gestionnaire s'engage à gérer le bien comme un bon père de famille, c'est-à-dire en s'efforçant de le remettre à l'issue du contrat au moins en aussi bon état qu'au moment de sa signature, comme un bon père de famille s'efforce de transmettre à ses enfants l'héritage de ses parents au moins en aussi bon état qu'il l'a reçu. Ce qui provoqua une réaction de mon interlocuteur, bouleversante de vérité : « Mais, Hervé, tu nous connais bien ! Tu sais que nos problèmes quotidiens sont si urgents qu'un bon père de famille ivoirien dépense tout de suite les biens dont il hérite ! Par conséquent, cette formule est inadéquate. »

Nous avons alors cherché à formuler l'idée d'une autre manière. Mais aucune de nos tentatives n'était satisfaisante. Heureusement, je me suis rappelé que l'épouse de mon partenaire était juriste dans la filiale ivoirienne d'une banque américaine. Je lui ai donc proposé de lui demander conseil, ce qu'il fit. Après une longue discussion téléphonique avec sa femme, mon partenaire revint en séance en me disant : « Nous avons beaucoup discuté, mais finalement il n'y a pas de meilleure formule que celle que tu proposes. »

L'incident avait duré près d'une heure. Et la suite de la négociation se déroula sans autre difficulté, chacun de nous étant plongé dans les réflexions que cet incident lui avait inspirées.

L'autre limite de ce système social se situe dans la gestion des affaires publiques. Du fait de la loyauté absolue qui lie un fonctionnaire à son ethnie d'origine, il lui est difficile d'être impartial dans la gestion des services publics qui lui sont confiés. Il est constamment sollicité par sa « famille » pour obtenir des passe-droits ou des mesures de faveur, ce qui favorise la corruption et la prédation.

En conclusion, la culture africaine n'est pas si éloignée que l'on veut bien le dire de la culture européenne traditionnelle.

Dans ses fondements, c'est une culture paysanne, dont bien des pratiques actuelles de la société française portent encore des traces. Personnellement, c'est parce que je connaissais bien les coutumes de mon pays natal, la Lorraine, que j'ai pu m'adapter rapidement en 1963, lors de ma première affectation, aux réalités du pays sénoufo, dans le nord de la Côte d'Ivoire. J'avais en effet été frappé par la grande proximité des règles sociales : dans ces deux pays, les coutumes, comme celle de la vaine pâture, avaient pour objectif de maintenir la solidarité des sociétés villageoises en évitant que certains deviennent trop riches et d'autres trop pauvres. Enfin, cette tradition est à nouveau d'actualité avec le développement de la théorie économique des biens communs, couronnée en 2009 par l'attribution du prix Nobel d'économie à Elinor Ostrom.

## Le financement des classes dominantes africaines

L'histoire des civilisations est toujours celle de l'émergence de classes sociales capables de prélever un surplus pour financer l'exercice de leur domination, celle-ci pouvant s'exprimer à travers des œuvres d'art spectaculaires. C'est ainsi que les pharaons d'Égypte ont pu développer une civilisation dont nous sommes les héritiers.

La difficulté qu'ont rencontrée de tous temps ceux qui voulaient accéder au pouvoir en Afrique noire a été de dégager les revenus qui leur permettraient d'exercer leur domination et de tenir leur rang. C'est une des principales thématiques du dernier livre d'Axelle Kabou *Comment l'Afrique en est arrivée là* (2010). Reprenant les travaux de nombreux historiens, elle observe que très tôt les classes dominantes ont fait leur deuil d'un prélèvement sur une production agricole permettant à peine aux villageois de survivre. Ils se sont donc tournés vers les flux commerciaux, et notamment ceux sur longues distances : l'or, l'ivoire, les noix de kola et… les esclaves, qui occupaient dans ces sociétés archaïques une place d'autant plus grande que la production agricole ne pouvait pas financer un quelconque salariat.

L'essor de l'esclavage et de son commerce a été pendant des siècles une des sources du pouvoir : les traites négrières vers l'Afrique du Nord et l'Asie, puis vers les Amériques n'auraient pas pu se développer sans le concours actif des princes marchands qui gouvernaient les tribus africaines. Au cours de l'histoire, certaines d'entre elles ont été razziées avant de devenir à leur tour pourvoyeuses d'esclaves. C'est bien sûr choquant pour nos esprits occidentaux. Il faut faire un effort pour se replacer dans une situation où les différentes ethnies se considéraient comme n'ayant aucun lien entre elles, aucune histoire commune, mais en lutte les unes contre les autres pour survivre.

Ces épisodes dramatiques ont laissé de profondes traces qui expliquent la difficulté de faire émerger une conscience nationale dans les nouveaux États africains. Ils expliquent aussi qu'aujourd'hui encore les taxes constituent une des principales ressources des États. Lorsqu'il s'agit de trouver de nouveaux financements publics, à l'échelon local ou national, le réflexe est toujours de taxer les flux commerciaux plutôt que de développer de nouvelles ressources économiques, base d'impositions futures. L'histoire nous apprend donc que ce cercle vicieux s'inscrit dans un temps très long.

Pour être complet, remarquons que les trafics commerciaux de l'Europe féodale étaient eux aussi frappés de multiples prélèvements effectués par les seigneuries locales pour financer leurs activités. Il a souvent fallu attendre la Révolution pour faire disparaître tous les péages et octrois qui entravaient le développement économique et les remplacer par d'autres systèmes d'imposition mieux adaptés à la nouvelle situation de l'Europe du XIX^e^ siècle.

## Le phénomène des *Big Men*

Cette expression anglaise désigne la pratique autocratique et despotique du pouvoir qui caractérise trop souvent le fonctionnement des gouvernements africains. Elle porte au paroxysme les processus sociaux qui viennent d'être analysés. Elle a été largement étudiée par le grand reporter du journal allemand *Die Zeit,* Bartholomäus Grill, dans son livre *Ach, Africa* (2005). Faisant le bilan des multiples interviews qu'il a pu avoir avec les chefs d'État africains, il souligne les trois aspects suivants :

– cette pratique du pouvoir est observée dans la plupart des pays africains, quelle que soit leur histoire coloniale ;

– généralement les présidents ont accédé au pouvoir dans des conditions qui peuvent leur faire considérer leur destin personnel comme exceptionnel. Ils estiment volontiers que de tout temps ils ont été désignés pour être le messie de leur peuple. Cette tentation est d'autant plus forte que les présidents sont d'extraction plus modeste ;

– plus impressionnante encore est la transformation des personnalités, une fois les hommes au pouvoir. Même ceux qui, avant d'y accéder, tiennent les discours les plus convaincants sur la démocratie et l'exercice du pouvoir par le peuple et pour le peuple se laissent rapidement gagner par un pouvoir personnel dictatorial au service sinon de leur famille, du moins de leur clan, dès qu'ils sont à la tête de l'État[19].

Les gouvernements africains ont pris la suite du pouvoir colonial. Or celui-ci fonctionnait sur des bases très différentes de celles qui étaient en usage dans les métropoles : les gouverneurs exerçaient souvent leur pouvoir de manière arrogante, manifestant un mépris profond des populations qu'ils administraient. Les contre-pouvoirs de la société civile étaient inexistants du temps des colonies, et en tout cas limités à quelques groupes d'expatriés. La prise de conscience du rôle de la

19. Dernier exemple : le président actuel de la république de Guinée, Alpha Condé.

société civile dans les processus politiques africains est donc d'une importance capitale.

Aussi nous trouvons-nous aujourd'hui dans des situations tout à fait différentes des usages qui entouraient l'exercice du pouvoir dans les chefferies traditionnelles. Les coutumes étaient fort diverses selon les ethnies. Mais, toutes, elles visaient à limiter strictement le pouvoir délégué aux chefs dans l'intérêt commun : les Africains n'avaient pas attendu Montesquieu pour savoir que « tout pouvoir corrompt et que le pouvoir absolu corrompt absolument » !

En ce qui me concerne, le seul *Big Man* que j'ai eu l'occasion de fréquenter était l'un des présidents[20] les plus remarquables de sa génération, Félix Houphouët-Boigny. Du fait de son histoire personnelle, il était une synthèse vivante de la tradition et de la modernité africaine. Il appartenait à l'aristocratie traditionnelle de son pays. Or, avant la première guerre mondiale, en ce début de la colonisation effective de la Côte d'Ivoire, les classes supérieures refusaient d'envoyer leurs enfants à l'école des « barbares » qu'étaient à leurs yeux les envahisseurs et y mettaient à la place les fils de leurs esclaves[21]. Mais les circonstances firent que *manu militari*[22] le jeune Félix dut suivre l'enseignement des Français, au sein duquel il se révéla un élève prometteur.

20. Avec Léopold Sedar Senghor, premier président de la république du Sénégal.

21. Ce qui explique bien des événements politiques qui se sont passés avant et juste après les indépendances.

22. Un de mes amis ivoiriens, Monsieur Amon d'Aby, m'a fait comprendre cette réalité de la colonisation française. Contemporain du président Houphouët-Boigny et issu d'une famille noble du sud de la Côte d'Ivoire, il avait été, lui aussi, pris en otage par les soldats français pour calmer l'agitation des populations. Comme dans le cas du futur président ivoirien, ses parents ne voulaient absolument pas qu'il aille à l'école des Blancs. Ce fut une tragédie pour sa mère que cet enlèvement manu militari, même s'il me disait que cela avait été la chance de sa vie. Aussi sa mère se noua-t-elle pendant de longs mois un pagne sur le ventre, comportement des mères dans son ethnie lorsqu'elles avaient perdu un enfant…

Il était né vers 1905 à Yamoussoukro dans une famille appartenant à la noblesse baoulé. Comme la région continuait de se rebeller contre le pouvoir colonial français, celui-ci fit irruption dans le clan familial et enleva l'enfant pour le placer dans l'école des otages de Bingerville. Il y fit sa scolarité, puis fut admis à l'École William-Ponty de Dakar, qui formait les cadres africains nécessaires à la gestion des colonies. Il y avait trois sections : les instituteurs — la plus prisée —, les secrétaires administratifs et les médecins africains. Le jeune Félix choisit cette dernière spécialisation et termina major de sa promotion. Il fut affecté au poste médical d'Abengourou lorsque, à la veille de la seconde guerre mondiale, son oncle, chef de son clan, décéda. Il lui revenait de prendre la suite et de devenir chef de canton, ce qu'il fit en démissionnant de l'administration coloniale. Sa famille possédait de vastes plantations de café. Mais les planteurs africains se sentaient défavorisés par rapport aux planteurs européens dans l'attribution notamment de la main-d'œuvre voltaïque nécessaire pour l'exploitation de leurs propriétés. Ce fut l'origine de l'action syndicale puis politique d'Houphouët-Boigny. Il fut élu député français à la première Assemblée nationale en 1945, où il fit voter la loi abolissant le travail forcé dans les colonies, ce qui lui assura une grande notoriété. Son action politique s'élargit rapidement à toute l'Afrique occidentale française. Avec l'appui du Voltaïque Ouezzin Coulibaly, il créa le Rassemblement démocratique africain (RDA), qui tint son congrès constitutif à Bamako en 1948. Pour promouvoir leurs idées politiques, les dirigeants africains décidèrent de se répartir entre les partis politiques français. C'est ainsi que Houphouët-Boigny s'inscrivit, lui le riche planteur, au parti communiste ! S'en suivit une période un peu troublée pendant laquelle Houphouët-Boigny fut mis hors la loi. Mais rapidement les relations se rétablirent avec le pouvoir colonial et il fut élu maire d'Abidjan. Pendant la décennie 1950 il fut plusieurs fois nommé ministre, notamment de la santé, dans le gouvernement français. Avec l'arrivée au pouvoir en 1958 du général de Gaulle, dont il fut ministre d'État, le processus de la décolonisation s'engagea. Houphouët-Boigny prit alors la lourde décision de faire dissoudre l'Afrique occidentale française, ne voulant pas que la Côte d'Ivoire en devienne la « vache à lait ». Il est alors élu premier président de la république de Côte d'Ivoire et constamment réélu jusqu'à sa mort en 1993.

D'un caractère réservé, voire triste, à l'écoute de ses interlocuteurs mais sans aucune illusion sur ses compatriotes, il exerçait son autorité en combinant trois approches, évoquées ci-dessous.

Il avait commencé sa carrière politique en fédérant les revendications des exploitants agricoles africains contre le pouvoir colonial et les planteurs européens. Puis, pour assurer son emprise sur la Côte d'Ivoire tout entière, il veilla à se faire introniser chef dans les principales ethnies[23] du pays, créant même un syndicat des chefs coutumiers. Celui-ci devint rapidement une force politique avec laquelle le pouvoir colonial français dut apprendre à composer. Il était donc considéré par ses compatriotes comme l'héritier des hiérarchies traditionnelles et le maître des puissances obscures qui gouvernent la vie des humains sur terre.

Comme tout bon politique, il avait le sens du compromis, voire de la compromission. Il n'hésitait pas à corrompre, par de l'argent ou tout autre avantage, ceux qui en Côte d'Ivoire tentaient de s'opposer à son pouvoir.

Enfin il était le grand maître des « palabres », qu'il animait de sa voix nasillarde si caractéristique. Il les organisait, sous forme de conseils élargis du parti unique qui étaient largement ouverts chaque fois qu'une question stratégique se posait. Ce fut notamment le cas en 1965 au sujet de la double nationalité qu'il voulait accorder aux citoyens des états voisins de la Côte

23. Il y en a une cinquantaine.

d'Ivoire, proposition qui suscita une vive émotion. En définitive, il fut obligé d'y renoncer, ce qui annonçait les crises qui agitent le pays depuis une dizaine d'années autour du concept d'ivoirité.

En 1963, il dut affronter deux complots successifs. Les personnes inculpées furent longtemps incarcérées dans son village natal, Yamoussoukro, puis relâchées peu à peu, après avoir été personnellement interrogées par le chef de l'État. La plupart d'entre elles firent ensuite partie des cadres dirigeants du pays. J'ai toujours été frappé par la manière dont elles parlaient de cette période de leur vie où elles étaient, comme elles disaient, à l'université de Yamoussoukro !

Je me suis rendu dans ce village dès mon premier séjour en Côte d'Ivoire durant l'été 1959. C'était déjà une agglomération peu ordinaire car, pour l'atteindre depuis Abidjan sur la route de Bouaké, on quittait le macadam à Dabou, quarante kilomètres après Abidjan, et on ne le retrouvait ensuite, de manière surprenante, qu'à une vingtaine de kilomètres avant d'arriver à Yamoussoukro. Et là, deuxième surprise : le village était entièrement « en dur », à la suite d'une généreuse intervention du Fides. Nous avons pris un pot dans l'hôtel du village, situé juste en face de la demeure familiale des Houphouët et tenu par l'épouse d'Houphouët-Boigny. Depuis, ce bâtiment a été englobé dans le palais présidentiel. Pendant toute sa présidence, Houphouët-Boigny n'a cessé de s'intéresser à son village natal, le transformant progressivement en une ville surréaliste, avec des avenues aussi larges qu'à Brasilia et une cathédrale construite sur le modèle et de la taille de Saint-Pierre de Rome ! Avant de décéder, il en a fait la capitale officielle de la Côte d'Ivoire, même si toute la vie politique continue de se dérouler à Abidjan.

Pendant longtemps, le « Vieux » avait su trouver le point d'équilibre entre toutes les forces politiques et les mouvements sociaux ivoiriens, tout en évitant de tomber dans un excès de nationalisme préjudiciable aux intérêts fondamentaux du pays. Mais il n'était pas question pour lui de céder le pouvoir, au nom d'une conception traditionnelle du chef africain. Ce fut une grave erreur car la fin du règne fut très difficile : à partir de la fin des années 1970, la crise économique, liée à la guerre du Kippour, exacerba les multiples contradictions de la société ivoirienne, qu'il avait su faire cohabiter plutôt que résoudre. Elle se conjugua avec les luttes sourdes autour de sa succession. Ce qui mina les bases du développement de la Côte d'Ivoire. Un exercice plus démocratique du pouvoir aurait peut-être évité les violences qui ravagèrent le pays depuis le coup d'État du général Gueï en 1998. En définitive, cinquante années d'un développement rapide sous un leadership favorisant un métissage de toutes les ethnies composant la Côte d'Ivoire n'ont pas été suffisantes pour gommer toutes leurs anciennes rivalités.

Le phénomène des *Big Men* n'est pas propre à l'Afrique noire. Il a longtemps sévi en Europe, où il a eu au cours du XX^e^ siècle de sinistres avatars. Il a ravagé pendant des décennies l'Amérique latine et existe encore dans de nombreux États asiatiques. Certains parlent même à ce propos de maladie infantile des jeunes nations. C'est pourquoi, au crépuscule de ma vie professionnelle, je ne peux cacher mon admiration pour le miracle politique que représente l'Inde, que j'ai malheureusement peu fréquentée. Ce pays continent, aux multiples peuples, races, langues, croyances et coutumes, est sans doute encore plus complexe et divers que l'Afrique. L'Inde moderne est une création du pouvoir colonial anglais car, jusqu'au XVIII^e^ siècle, aucun empire, même l'Empire moghol, n'avait dominé tout ce continent. Bien sûr, au moment de l'indépendance, il y a eu la partition avec le Pakistan et les terribles troubles qui l'accompagnèrent. Mais aucun des États fédérés n'a depuis repris son indépendance. Ce succès, on le doit à la qualité de l'administration anglaise au cours d'une période relativement courte — moins de deux siècles. On le doit surtout à la génération exceptionnelle des leaders politiques indiens, emmenés par cet homme remarquable à bien des égards qu'était Gandhi, qui ont conduit leur pays vers l'indépendance. Ils ont mis en place la plus grande démocratie du monde au sein de laquelle la personnalisation du pouvoir existe, bien sûr, mais de manière régulée[24]. Je me demande également si le système des castes n'a pas contribué à cette réussite politique. En effet, il nous apparaît, à nous Occidentaux, comme le signe d'une société archaïque. Mais ne conviendrait-il pas de comprendre qu'il a joué aussi un rôle de corselet des sociétés hindoues, leur permettant de conserver leurs structures d'encadrement social à travers tous les bouleversements qui ont ravagé l'Inde depuis 1750 ? En tout cas, le contraste est frappant entre l'Inde et l'Afrique : l'une a conservé largement ses structures sociales traditionnelles alors que l'autre est du point de vue social un champ de ruines — mis à part de brillantes exceptions comme la confrérie des Mourides, déjà évoquée, ou le pays mossi.

24. Puis-je ajouter que la plupart de ces personnalités, y compris Gandhi, dont le père était Premier ministre de son État natal, appartenaient aux classes supérieures de la société indienne ? Ce qui a sans doute limité l'ampleur des bouleversements consécutifs à l'accession de l'Inde à son indépendance.

# Quelles conclusions tirer de ces analyses ?

Autrefois l'Afrique de l'Ouest était composée, du nord au sud, de trois zones très différentes et orientées est-ouest :
– une zone sahélienne vouée au pastoralisme et à quelques cultures dans les parties les plus humides. C'était le pays des nomades suivant leurs troupeaux à la recherche de l'eau et des pâturages, comme les Touaregs ;
– une zone soudanienne étalée autour des fleuves Sénégal, Niger et Logone et de leurs affluents. C'était la zone la plus favorisée car les conditions naturelles permettaient le développement d'une agriculture et d'un élevage traditionnels. Comme elle était assez favorable aux échanges et en liaison avec l'Afrique du Nord, c'est dans cette région que se sont développés des États islamisés dont les noms sont devenus mythiques : empires du Ghana, du Mali, bambara, songhaï et peul. L'économie de ces États s'appuyait sur des ressources agricoles abondantes[25] et sur le trafic à travers le Sahara, alors relativement important. Au fil du temps ont donc prospéré des sociétés évoluées, dont le pays mossi[26] porte aujourd'hui encore témoignage. Elles ont laissé un héritage architectural remarquable, comme la ville de Tombouctou ;
– une zone forestière au sein de laquelle les activités agricoles se résumaient à des cultures sur abattis. Les échanges y étaient difficiles. Elle était donc peuplée de petites ethnies indépendantes

25. Mais avec régulièrement des périodes difficiles avant le début des récoltes (la période dite de soudure), qui appelaient des mesures de précaution, non seulement à l'échelle des familles, mais aussi des villages et des cantons.

26. Qui fut d'ailleurs très tôt suffisamment bien organisé autour de son *Moro Naba* pour pouvoir résister à la pression des États voisins.

les unes des autres, même si on pouvait les regrouper dans de plus grands ensembles. Mais, du fait de ces conditions naturelles, leur niveau technologique était relativement faible[27]. La qualité de l'alimentation de ces populations était médiocre car insuffisante en protéines animales. En outre, cette zone était fort perturbée par les trafics, notamment d'esclaves, qui se développaient à partir des comptoirs européens installés sur la côte. Malgré tout, l'impact des Européens y est resté relativement limité jusqu'à ce que, poussés par la curiosité, des soucis humanitaires parfois impérialistes, mais surtout l'appât du gain[28], ils décident, au milieu du XIXe siècle, d'investir la dernière région du monde qui échappait à leur emprise.

## L'état sanitaire de l'Afrique subsaharienne, une question centrale

Les caractéristiques géographiques de l'Afrique de l'Ouest ont profondément influencé son histoire : la non-diffusion des technologies méditerranéennes à travers le Sahara reste un mystère. La forme géographique du continent africain et la pauvreté des sols de l'Afrique de l'Ouest ont constitué des facteurs défavorables au développement. Mais ils ne l'ont pas interdit dans d'autres régions du monde. En revanche, le statut sanitaire de l'Afrique est une des principales causes structurelles de l'histoire particulière de l'Afrique subsaharienne.

Au moment où les Européens s'apprêtaient à conquérir le monde au début du XVe siècle, trois ensembles géographiques coexistaient sur le plan sanitaire sans relations entre eux : l'Eurasie, les Amériques et l'Afrique au sud du Sahara. Incontestablement, la situation sanitaire de cette partie du monde était bien plus mauvaise qu'en Eurasie et surtout que dans les Amériques. Quelle est la raison de cette situation ?

---

27. Elles étaient restées souvent en-deçà de la révolution néolithique.

28. Il n'est sans doute pas illogique de penser que la conquête de l'Afrique noire par les Européens fut la conséquence de l'arrêt de la traite négrière…

Est-ce parce que l'Afrique est le berceau de l'humanité ? En tout cas, la biodiversité animale y est la plus riche des régions tropicales. La cohabitation sur une longue durée de très nombreuses espèces animales a favorisé l'émergence de complexes pathologiques particulièrement virulents, du fait des mécanismes de l'évolution[29]. La comparaison avec les situations eurasiatiques et américaines montre qu'il y a au moins une corrélation.

Ainsi la colonisation européenne a eu des effets très différents selon l'état sanitaire des continents. Elle a provoqué un véritable génocide de sociétés évoluées dans les Amériques par un choc microbien sans précédent. En Asie, l'arrivée des Européens n'a pas eu de conséquences sanitaires graves (en dehors de la diffusion de la syphilis, amenée des Amériques) puisque sur le plan sanitaire l'Europe et l'Asie appartenaient au même ensemble. En revanche, les Européens qui devaient se rendre en Afrique ont pendant longtemps rédigé leur testament avant leur départ, tant les chances de survie à l'issue de leur séjour étaient faibles.

L'état sanitaire de l'Afrique noire a eu au moins deux effets positifs : offrir une bonne résistance aux épidémies étrangères et limiter fortement les envies des Européens de s'y implanter au plus fort de leur transition démographique, au cours du XIXe siècle. Mais ses effets négatifs sont plus considérables : non seulement il a eu un impact sur le dynamisme des populations, mais, en limitant l'usage de bêtes de trait du fait de la maladie du sommeil, il a freiné les échanges et limité les sources d'énergie disponibles. Cela ne pouvait que ralentir le développement vers une civilisation plus évoluée sur le plan technologique.

C'est pourquoi le principal facteur explicatif de la situation actuelle de l'Afrique noire peut être recherché dans son état sanitaire, surtout si on le compare à celui de l'Eurasie et des Amériques.

---

29. Communication personnelle d'Emmanuel Camus.

Cet état sanitaire explique que, en raison de leur faible dynamisme démographique et de leur isolement géographique, les populations africaines traditionnelles n'aient pu se doter d'un encadrement social suffisamment robuste pour résister au choc que représenta pour elles l'intrusion des colonisateurs européens.

Cet état sanitaire originel de l'Afrique de l'Ouest est en train de disparaître, comme le prouve la croissance démographique qui la caractérise depuis plus de soixante-dix ans. Les progrès de la médecine tropicale et l'évolution des écosystèmes ont profondément amélioré l'environnement sanitaire de la région. Mais son impact sur le fonctionnement des sociétés africaines va encore durer de nombreuses années.

## Le choc de la colonisation européenne

La colonisation fut un choc d'autant plus brutal que son impact fut multiple.

Ce fut bien entendu un choc technologique, les sociétés africaines étant brutalement mises au contact d'économies beaucoup plus évoluées sur le plan technique, avec leurs conséquences militaires et politiques.

Ce fut aussi un choc économique parce que l'intervention européenne modifia profondément les courants des échanges : contenus, quantités et directions. Jusqu'à aujourd'hui, il n'a pas encore été possible d'établir à travers le Sahara les infrastructures de transport (ferroviaires, routières) qui rétabliraient les trafics d'antan.

Ce fut surtout un choc psychologique, consécutif à une domination exercée par une ethnie étrangère à l'Afrique subsaharienne et s'inscrivant dans le cadre d'un espace-temps inouï pour la pensée indigène.

L'impact de la colonisation fut globalement différent sur les ethnies des régions soudaniennes et forestières : les premières étaient les mieux préparées à assimiler rapidement les nouvelles technologies. Mais elles furent très affectées par la diminution drastique des échanges à travers le Sahara, consécutive au développement du commerce maritime par les Européens, et par la remise en cause de la place éminente qu'elles s'étaient progressivement assurées au cœur de l'Afrique de l'Ouest.

Les structures sociales des régions forestières furent pulvérisées au contact des colonisateurs européens. Mais elles ont tiré les plus grands avantages de la réorientation des flux économiques vers la côte ainsi que des progrès qu'a permis la réalisation d'infrastructures modernes comme les ports, les routes, etc.

Si on compare l'histoire de l'Afrique noire avec celle de l'Europe, il est évident que, lorsque les Européens sont arrivés en Afrique de l'Ouest, celle-ci était très en retard dans son développement technique, économique, social et politique. Mais en outre l'impact social de la colonisation a eu une ampleur qu'il est souvent difficile de faire comprendre. L'image qui vient à l'esprit est celle de l'invasion de l'Empire romain par les barbares, avec cette nuance importante qu'il s'agissait de barbares détenteurs de technologies évoluées dans le cas de la colonisation européenne.

Mais le résultat fut le même : comme dans le cas des Grandes Invasions, les sociétés traditionnelles et les superstructures impériales, mises en place par les États colonisateurs, qui maintenaient des cadres spatio-temporels de grandes dimensions, se sont disloquées, laissant les intérêts immédiats et locaux prendre le pas sur l'intérêt général. Ce qui a nourri les guerres locales qui ont ravagé l'Europe pendant des siècles. À la suite d'un processus analogue, la société africaine s'est fragmentée en micro-ensembles, les cadres étatiques devenant alors souvent des coquilles vides. Mais avec une différence importante : du temps de la féodalité européenne, il y avait une certaine coïncidence entre les espaces politiques réels et économiques, alors qu'aujourd'hui la balkanisation de l'Afrique noire est complètement décalée par rapport à une économie de plus en plus mondialisée et des systèmes technico-économiques qui ne peuvent se déployer que sur de vastes territoires.

Une bonne compréhension de la question de la gouvernance nécessite non seulement de se référer à l'expérience de l'Europe, mais aussi à celles des autres régions tropicales. Les contrastes sont grands quand on se livre à cet exercice. Commençons par l'Amérique : son histoire est très différente de l'Afrique noire, puisque l'arrivée des Européens a eu pour conséquence de réduire de 90 % le volume de la population indigène en un siècle. Ce vide fut comblé par la colonisation européenne[30], complétée par l'arrivée de onze millions d'esclaves africains étalée sur deux siècles. Ce qui a posé des problèmes socioculturels tout à fait différents de ceux de l'Afrique subsaharienne. Quant à l'Asie, la comparaison est plus complexe, car ce vaste ensemble géographique est composé de populations aux histoires fort différentes. Les civilisations les plus évoluées, chinoise et indienne notamment, étaient en avance sur les civilisations européennes jusqu'au XVe siècle. Mais elles ont eu le malheur de considérer, à un moment de leur histoire, qu'elles en savaient assez pour vivre heureuses dans leurs territoires. Elles se sont donc détournées volontairement du chemin de l'innovation (Peyrefitte, 1989). Elles furent complètement surprises lorsqu'elles s'aperçurent que les Européens parvenaient à s'imposer, alors qu'ils étaient peu nombreux, en retournant contre elles leurs propres inventions, comme les armes à feu. Cependant, dans cette confrontation, leurs structures sociales ont tenu le choc. C'est particulièrement vrai au Japon lorsqu'il s'est ouvert à la modernité au moment de l'avènement de l'ère du Meiji en 1858. C'est vrai aussi dans le cas de l'Inde, et même de la Chine, pourtant soumise à des traitements de choc, guerres civiles suivies de

30. Soixante millions de personnes entre 1850 et 1930, dont 35 millions pour les seuls États-Unis.

la révolution culturelle. C'est sans doute la raison fondamentale du développement actuel des économies asiatiques : après plusieurs décennies de troubles extrêmement graves provoqués par les incursions européennes, ces pays ont repris progressivement possession d'eux-mêmes, ce qui leur a permis de s'approprier rapidement les technologies occidentales jusqu'à en devenir les maîtres.

Ainsi la colonisation européenne a eu des impacts différents selon l'état sanitaire et culturel des pays : en Asie, les Européens se sont confrontés à des sociétés très structurées qui ont globalement bien résisté aux chocs culturels que représentaient la Renaissance européenne, puis la révolution industrielle. Dans les Amériques, ils ont provoqué un génocide sans précédent. En Afrique, ils ont dû s'adapter à un environnement sanitaire beaucoup plus sévère qu'en Europe. Mais leur intrusion a provoqué un choc culturel qui a profondément déstabilisé les sociétés traditionnelles.

Ces analyses confirment que la gouvernance est bien au cœur des problématiques africaines. Il n'y a aucune fatalité en Afrique noire, simplement une histoire particulière décalée par rapport à celle des autres parties du monde. Celle-ci explique l'absence de cadres culturels, sociaux et politiques répondant aux exigences des économies modernes.

## L'Afrique noire n'est pas maudite, mais son développement prendra du temps

La situation actuelle de l'Afrique noire est le résultat des profondes transformations qui la bouleversent depuis au moins cent cinquante ans, les destins individuels étant comme des fétus de paille dispersés sur l'océan. Elle n'est ni une fatalité, ni le fruit de la seule malignité des hommes — sans pour autant excuser les comportements délictueux. C'est d'abord le résultat d'une histoire singulière qu'il faut replacer dans celle de l'humanité.

La plupart des paléontologues s'accordent pour dater l'émergence de l'*Homo sapiens* au sein de l'Afrique nord-orientale il y a environ 200 000 ans avant notre ère[31]. Cet embranchement de primates s'est progressivement dispersé, par petits groupes, sur l'ensemble du globe en remplaçant peu à peu les hominiens qui les avaient précédés. Ces petites peuplades ont, au cours du temps, perfectionné leurs modes d'échanges, de production, de consommation et d'habitat. Lorsqu'on visite les musées anthropologiques, il est fascinant de constater que tous ces groupes humains ont suivi sur tous les continents la même trajectoire : des pierres taillées[32] de plus en plus perfectionnées à la métallurgie la plus évoluée en passant par la maîtrise du feu[33], l'invention de la poterie, du tissage et de l'agriculture... En ce qui concerne l'écriture, on observe deux sources principales : la recherche d'outils de communication (écritures indo-européennes) et l'art de la divination (écriture chinoise). Dans chaque continent, des foyers de civilisation ont ainsi émergé. Leur localisation a été favorisée par les conditions naturelles (sol, eau, climat) (Mazoyer et Roudart, 1997). Elle a dépendu également des espèces vivantes domesticables qui n'étaient pas au départ réparties uniformément entre les continents : l'invention de l'agriculture nécessitait de pouvoir disposer localement, parmi les espèces végétales domesticables, d'au moins une plante à glucides (céréales, tubercules), d'une plante à protéines (légumineuses), d'une plante à lipides (oléagineux) et d'une plante textile. Elle a également été favorisée lorsque, parmi les espèces animales domestica-

31. Rappelons que les paléontologues datent de 7 millions d'années le moment où l'embranchement qui devait déboucher sur l'espèce *Homo* se détache de la famille des singes.

32. Les premières sont observées en Afrique de l'Est, il y a 2,5 millions d'années, avec l'apparition du premier *Homo*, dénommé *habilis*. C'était un charognard qui se servait de ces premiers outils pour gratter les carcasses que lui laissaient les grands fauves (Lumeley, 2007).

33. Il y a 400 000 ans.

bles, l'homme a pu trouver un compagnon pour la défense et la chasse (le chien), des ressources en protéines animales (lait et viande), si précieuses pour l'alimentation des jeunes, et en vêtements (peaux et laine), enfin un moyen d'alléger sa peine et de faciliter les échanges (bêtes de trait). L'émergence de ces foyers de civilisation fut sans doute aussi le fruit d'histoires particulières au sein desquelles le feu de l'esprit a illuminé un jour certaines personnes susceptibles d'entraîner toute leur communauté. Il ne faut donc pas s'étonner que ces processus complexes ne se soient pas tous déclenchés au même rythme sur tous les continents, ni dans tous les territoires.

Au moment où débute la colonisation européenne au XVe siècle, la situation est très différente selon les continents : l'Eurasie est le plus évolué sur le plan technique. Les différents foyers de civilisation (proche-orientaux et chinois) apparus il y a près de 10 000 ans ont fusionné au terme de processus historiques complexes et souvent dramatiques qui ont progressivement déplacé les sources d'innovation vers l'ouest. Mais de larges parties de l'Asie du Sud, notamment dans les régions équatoriales, n'ont franchi que les premières étapes de cette évolution. Dans les Amériques, les situations sont également très contrastées : des civilisations technologiquement très complexes[34] cohabitaient, bien que séparées par des distances considérables, avec des tribus, notamment en région amazonienne, qui n'avaient pas encore complètement maîtrisé l'invention de l'agriculture. La situation de l'Afrique a déjà été longuement évoquée. Ainsi, 200 000 ans après l'apparition de l'*Homo sapiens*, il y avait au XVe siècle un décalage technologique[35] d'environ 10 000 années entre ses différents descendants, ce qui du point de vue

34. Il est curieux de constater que les civilisations précolombiennes ne savaient pas encore maîtriser la métallurgie du fer dont pourtant l'Amérique latine est si richement dotée. Mystère de l'histoire !

35. Les grands anthropologues, Claude Lévi-Strauss en tête, ont montré la richesse des conceptions philosophiques des civilisations apparemment peu évoluées du point de vue technologique.

paléontologique correspond à l'épaisseur du trait ! Si le temps leur en avait été laissé, il n'y a aucun doute que l'Afrique subsaharienne et les Amériques auraient, à leur tour, découvert l'usage de l'écriture[36] et emprunté le même itinéraire technologique que l'Eurasie. Mais cette mise en relation brutale, par les Européens, de civilisations qui n'étaient pas toutes au même niveau d'évolution technologique a eu des conséquences dramatiques qu'ils étaient incapables de soupçonner, même pour les meilleurs et les plus avertis d'entre eux. Elle a été compensée en partie par les échanges de plantes et d'animaux qui ont révolutionné les agricultures du monde (par exemple, en Eurasie, les plantes de la Découverte, maïs, tomate, pomme de terre...), auxquels ont particulièrement contribué les Portugais.

Si cette analyse est juste, l'histoire nous apprend que les caractéristiques socioculturelles d'une population évoluent lentement : il a fallu au minimum cinq siècles à l'Europe pour se relever des Grandes Invasions et reconstruire des règles sociales et politiques, sources de paix et de prospérité. En réalité, ce processus n'est pas encore achevé, comme le démontrent les péripéties de la politique européenne actuelle. Comme l'histoire s'accélère, il faudra moins de temps à l'Afrique noire pour retrouver ses équilibres. Mais en même temps son environnement continue à bouger rapidement. En tout cas, il est indispensable qu'elle se convainque chaque jour davantage que son salut dépend d'abord d'elle-même et notamment d'une coopération interafricaine dynamique[37]. L'aide internationale restera utile à condition qu'elle s'inscrive dans le long terme.

Cette attention aux causes structurelles de la situation actuelle de l'Afrique noire ne traduit aucune expression de décourage-

36. Certaines de leurs ethnies l'avaient déjà découverte, comme les Mayas. De même l'écriture était en émergence en Afrique noire dans certains cantons soudaniens (Burkina Faso) et camerounais (pays bamoun).

37. Sans tomber toutefois dans l'illusion de l'autarcie qu'exprime le célèbre Plan d'action de Lagos, de l'Organisation de l'unité africaine (1980).

ment vis-à-vis de sa capacité à relever les défis d'aujourd'hui. Rien ne serait pire en effet si les Africains nourrissaient un tel sentiment de panique que chacun d'eux n'ait plus pour ambition que de sauver sa peau, sans se préoccuper des autres ou même contre eux et à leurs dépens. Au contraire, cette réflexion vise d'abord à répondre aux nombreuses critiques dont l'Afrique noire est l'objet de la part de censeurs qui n'ont pas toujours bien pris la mesure de ses difficultés. Comme il n'y a pas de mauvais vents pour un marin qui sait dans quelle direction il veut se diriger, ces analyses auraient également atteint leur but si elles pouvaient contribuer à l'émergence des cadres spatiaux et temporels indispensables pour valoriser les efforts individuels et collectifs. En particulier, privilégier le point de vue du long terme conduit à mettre l'accent sur les vertus cardinales que sont la patience et la persévérance[38].

Cette réflexion doit permettre également de mieux percevoir les signes d'évolution favorables. Ceux-ci se sont multipliés depuis dix ans, comme le font observer Jean-Michel Severino et Olivier Ray, dans leur dernier ouvrage intitulé *Le temps de l'Afrique* (2010). Ils rappellent quelques-uns de ses atouts stratégiques : son dynamisme démographique — même avec un revenu par habitant faible, l'Afrique noire constitue un marché de consommation prometteur, en attendant que des politiques de formation persévérantes transforment ses populations en de véritables ressources humaines —, ses immenses richesses minières (manganèse, cuivre, coltran, bauxite, cuivre, zinc, or…), évaluées par les experts à plus de 50 000 milliards de dollars, et son potentiel énergétique : le pétrole africain assure déjà 25 % de la consommation des États-Unis et 30 % de celle de la Chine, et les gisements en matière de ressources hydrauliques et solaires sont considérables.

38. L'expérience professionnelle que j'ai acquise en France m'a appris que ce sont aussi des vertus cardinales en Europe ! Pour l'anecdote, je rappelle que de mon temps la marine ivoirienne disposait de deux vedettes pour contrôler ses côtes ; elles étaient dénommées *Patience* et *Persévérance* !

Ces auteurs attirent l'attention sur l'amélioration continue du rapport de travailleur par personne à charge, qui a favorisé au cours des dernières décennies le décollage économique de la Chine : alors qu'au cours de la période 1980-1990, il y avait un travailleur africain par personne à charge, ce ratio va passer à deux travailleurs par personne à charge[39]. Encore faut-il qu'ils soient bien employés.

Ils soulignent le rétablissement des grands équilibres macroéconomiques : à la suite des programmes internationaux d'annulation des dettes souveraines des États africains, celles-ci sont passées en moyenne de 80 % de leur PIB en 2000 à moins de 40 % en 2010. L'inflation des prix est partout maîtrisée, sauf au Zimbabwe. Et les investissements sont repartis à la hausse dans de nombreux pays. Enfin, la hausse récente des prix mondiaux des matières premières contribue à améliorer leurs termes de l'échange.

Encore plus significatif pour l'avenir est le développement spectaculaire de l'utilisation des technologies de l'information et de la communication en Afrique noire : explosion du téléphone portable (plus de 50 millions d'abonnés prévus en 2012), développement d'une puissante industrie cinématographique au Nigeria (Nollywood produit désormais 2 000 films par an, vus par un million de spectateurs pour un chiffre d'affaires annuel de 300 millions de dollars), accompagnant une diffusion des émissions télévisées en constante augmentation (Canal+ a 100 000 abonnés africains).

Enfin, l'Afrique de l'Ouest peut se prévaloir de quelques *success stories.* C'est le cas du Ghana, qui, après trente années de grandes difficultés politiques et sociales, a retrouvé le chemin de la paix et du développement : l'armée est retournée dans ses casernes et la vie politique se caractérise par une participation active des chefferies traditionnelles et de la société civile. Le gouvernement met l'accent sur les dépenses d'infrastructure,

39. La situation est inverse en Europe.

de santé et d'éducation. La croissance économique est supérieure à 5 % depuis l'an 2000. L'aide internationale ne compte plus que pour 10 % dans les investissements, le relais étant assuré par la diaspora et les ressources fiscales en constante augmentation (10 % du PIB en 2010). Et si 40 % de la population était sous le seuil de pauvreté en 1999, cet indicateur ne serait plus que de 26 % en 2006. Il faut noter cependant que ce développement spectaculaire ne concerne encore que très faiblement les campagnes.

Le Burkina Faso connaît également un développement d'autant plus remarquable que ses conditions agroécologiques y sont particulièrement contraignantes et que sa population connaît une forte augmentation, aggravée par le retour des Burkinabés chassés par les derniers événements de Côte d'Ivoire. La scolarisation a été fortement améliorée. Une véritable politique agricole a été mise en œuvre : protection de la filière du coton, développement des cultures vivrières, développement des activités de services. Aussi le PIB croît-il à un taux supérieur à 5 % depuis l'an 2000.

En conclusion, il est incontestable qu'un certain nombre d'États africains ont connu des évolutions économiques positives au cours des dernières années et que les perspectives globales sont en voie d'amélioration[40]. En milieu agricole, les organisations professionnelles se structurent progressivement[41] et dans toute l'Afrique noire de nombreuses innovations voient

---

40. Dans sa dernière livraison *Projections to 2019* de février 2010, le ministère de l'agriculture américain (USDA) s'attend à une croissance moyenne annuelle de l'ordre de 4 % au cours de la décennie 2010 pour l'Afrique subsaharienne, ce qui permettrait d'améliorer sensiblement le niveau de vie moyen de ses habitants. Alors que les économies européennes et américaines pourraient stagner pendant la même période.

41. Avec notamment le Réseau des organisations professionnelles et des producteurs de l'Afrique de l'Ouest (Roppa). Son premier président, Mamadou Cissokho, vient de publier un livre fort intéressant sur cette aventure, *Dieu n'est pas paysan* (2009).

le jour au sein des pratiques agricoles[42]. Tout cela reste fragile. Il ne faut pas oublier que, compte tenu de l'importance de l'économie informelle en Afrique noire, le concept de PIB est, plus que dans les autres régions du monde, un indicateur peu pertinent, surtout lorsqu'on s'intéresse aux campagnes. Du moins, cette amélioration générale des données macroéconomiques et ces *success stories* laissent à penser qu'une étape est en train d'être franchie sur le long chemin qui conduira au plein développement de l'Afrique noire.

## Les handicaps d'un développement différé

Au terme d'une longue et singulière histoire, l'Afrique noire s'engage à son tour dans la voie du développement. Mais, dans la mesure où elle est la dernière à l'emprunter, elle va devoir relever certains défis que les autres continents n'ont pas rencontrés.

Le premier auquel on pense est la nécessité pour l'Afrique noire à s'imposer sur la scène mondiale. Celle-ci ne l'a pas attendue pour distribuer les premiers rôles, que ce soient en technologie ou en économie. Mais l'histoire — et la plus récente, avec l'émergence de sociétés multinationales dans les BRICs[43] — nous apprend qu'il n'y a pas d'institutions éternelles. Celles qui sont apparemment les plus solides sont minées de l'intérieur par le vieillissement inexorable des éléments qui les constituent, comme c'est le cas en ce moment des économies européennes et américaines malgré les sévères politiques mises en œuvre pour y faire face.

Les deux autres défis les plus importants que l'Afrique noire aura à relever seront sans doute ceux du coût de l'énergie et du poids des idéologies.

42. Comme le *zai* au Burkina Faso, qui consiste à aménager un petit impluvium autour de chaque poquet de semences pour le faire bénéficier de la moindre goutte de pluie.

43. Brésil, Russie, Chine, Inde.

Le coût de l'énergie d'abord. À la différence de l'Europe, l'Afrique noire va devoir mettre en place les infrastructures de son développement dans un environnement caractérisé par un coût élevé et croissant de l'énergie (Severino, 2010). C'est un handicap par rapport aux Européens, qui ont pu développer leurs économies avec des coûts de l'énergie bas et décroissants. Cela obligera l'Afrique noire à recourir à des systèmes hautement performants qui amélioreront à terme sa compétitivité. Mais, dans l'immédiat, cela va impliquer des investissements considérables. Il sera souvent difficile de réunir les financements nécessaires, ce qui peut ralentir son développement.

Le poids des idéologies ensuite. Marx nous a appris qu'elles sont le fruit de l'état socioéconomique des sociétés. Or, dans le monde globalisé d'aujourd'hui, l'Afrique noire ne pèse pas suffisamment pour que les pensées économiques dominantes dans le monde prennent suffisamment en compte ses attentes. Il se peut même qu'elles soient des obstacles à son développement. C'est un peu le cas de l'agriculture africaine, qui va constituer la deuxième partie de cet essai.

# Quelques problématiques agricoles africaines

# Les bases de la politique agricole

La politique agricole peut être définie comme l'ensemble, structuré dans l'espace et dans le temps, des mesures d'accompagnement du développement agricole. Celles-ci peuvent relever des domaines législatif, réglementaire, fiscal, social, financier ou économique. Elles peuvent concerner tous les aspects de la production agricole ou simplement quelques-uns d'entre eux, jugés plus stratégiques : développement des infrastructures, réforme foncière, promotion du progrès technique, formation des agriculteurs, politique sociale, restructuration des exploitations agricoles et des entreprises, commercialisation des productions agricoles (marchés intérieurs et extérieurs, politique des prix), information et communication…

Le débat est vif entre les économistes et les responsables politiques sur la nature et l'ampleur des mesures à mettre en œuvre selon les situations mais aussi selon les idéologies dominantes. L'État peut se limiter à des interventions macroéconomiques ou ne se concentrer que sur les quelques facteurs qu'il considère prioritaires, comme la formation des agriculteurs ou la recherche agronomique.

Dans l'histoire, on observe que tous les grands empires se sont illustrés par des politiques agricoles ambitieuses. L'exemple des Song dans la Chine du XII^e^ siècle est à cet égard tout à fait remarquable. Au XX^e^ siècle, le succès de la révolution verte en Asie est intimement lié à la qualité des politiques agricoles mises en œuvre en Inde, en Chine et en Indonésie. La Politique agricole commune (Pac) a, bien entendu, marqué profondément l'histoire européenne à partir de 1958.

## Les préalables du développement agricole

En tout cas, tous les experts soulignent qu'il y a des préalables au développement agricole (dans l'enseignement supérieur, nous dirions des pré-requis), qui dépendent essentiellement de l'action de l'État. Insistons sur trois d'entre eux.

D'abord la sécurité publique. Dans l'histoire, nous connaissons des colonies agricoles militaires qui ont joué un grand rôle dans la conquête des territoires. Mais en général l'épée ne fait pas bon ménage avec la charrue ! Par conséquent, il n'y a pas de développement agricole sans un État de droit minimal, avec une justice de proximité et des organes de sécurité protégeant les citoyens de toute agression intempestive. De tout temps, les guerres civiles ont entraîné un effondrement de la production agricole. D'un autre coté, celle-ci reste la meilleure méthode pour assurer la paix civile en luttant contre la pauvreté, notamment dans les campagnes (Banque mondiale, 2007).

Ensuite un système monétaire performant. La production agricole ne peut se développer que si elle s'inscrit dans un système monétaire stable et couvrant des territoires suffisamment étendus. Il faut également qu'il soit en équilibre avec les performances des économies qu'il supporte. Si la monnaie est trop faible, cela favorise les exportations agricoles. Mais les facteurs de production importés deviennent très coûteux. Si au contraire la monnaie est trop forte, la production locale a beaucoup de difficulté pour concurrencer les produits alimentaires importés. La dévaluation brutale du franc CFA en 1994 a été un excellent exemple de l'impact du facteur monétaire sur les productions agricoles : en une journée, la production locale était redevenue compétitive par rapport aux importations alimentaires. Malheureusement, depuis cette date, cette compétitivité s'est sensiblement érodée.

Enfin un réseau de transport opérationnel. Il n'y a pas d'agriculture performante, même en privilégiant les circuits courts, sans la possibilité de faire venir quelques facteurs de production et d'écouler les surplus de la production. Les enseignements des guerres civiles, comme dans la république du Congo, sont hélas très éloquents[44].

Tous ces préalables sont indispensables pour que les paysans puissent tirer un juste revenu du travail agricole. Mais la tâche la plus difficile consiste à combattre les rêves de gains rapides et sans trop d'effort, ce que la corruption, la spéculation, la prédation ou les aubaines minières autorisent...

## Les caractéristiques originales de la production agricole

Il est étonnant de constater que dans la littérature actuelle, qui essaye de relégitimer l'action de l'État sur les marchés agricoles, peu d'auteurs insistent sur les caractères particuliers distinguant du point de vue économique les biens et services agricoles. En effet, l'agriculture combine trois caractéristiques contradictoires qui expliquent les difficultés de son développement.

Tout d'abord, les cycles agricoles sont en général des cycles économiques longs. C'est vrai en particulier pour la production forestière : plusieurs dizaines d'années peuvent séparer le moment de l'investissement de celui de la récolte de son fruit. Mais c'est le cas aussi de nombreuses productions agricoles. À titre d'exemple, la mise en service d'une nouvelle rizière, même dans un pays qui pratique depuis longtemps cette culture, demande au minimum cinq ans pour étudier un nouveau site, réaliser les aménagements et en tirer tous les profits. La production fruitière à partir de vergers demande également

44. Quand les paysans démontent les poutres des ponts parce qu'il n'y a plus de trafic et qu'ils estiment qu'ils peuvent faire un meilleur usage de ces matériaux (comme en République démocratique du Congo et à Madagascar), cela signifie que le développement agricole est revenu à son stade zéro.

plusieurs années pour arriver sur les marchés. La mise en place d'une filière de production s'étale en général au moins sur une dizaine d'années. Bien sûr, il y a des productions agricoles dont les cycles sont plus courts, comme la production maraîchère. Mais l'amélioration des sols, dont la fertilité est toujours le fruit de pratiques patientes et persévérantes de plusieurs générations de paysans, requiert des pas de temps longs. Enfin, comme il y a une liaison dynamique entre l'espace et le temps, le développement agricole s'inscrit ainsi non seulement dans de longues durées, mais aussi dans des espaces que la globalisation économique du monde ne cesse d'agrandir.

Pour mettre en œuvre des cycles de production agricoles et forestiers qui nécessitent des échelles croissantes de temps et d'espace, on trouve les agriculteurs. Dans les pays traditionnels, les agriculteurs vivent dans une large autarcie familiale. Ils ne prennent en compte que les ressources disponibles à proximité et leurs échelles de temps sont marquées par le retour des saisons. Il y a donc une profonde contradiction entre les espaces et les temps nécessaires au développement d'une agriculture moderne et ceux qui caractérisent l'univers mental des agriculteurs traditionnels. Bien entendu, le développement agricole va emprunter des itinéraires permettant de faire émerger des structures susceptibles de réconcilier ces deux univers : cela peut passer par des coopératives, voire des fédérations de coopératives. Encore faut-il que les agriculteurs soient capables de devenir des coopérateurs. Ce qui souligne le rôle éminent de leurs dirigeants. Cela peut aussi passer par une organisation d'entreprises fondées sur une vision patrimoniale de leur développement. Dans les deux cas, c'est une œuvre de longue haleine.

Troisième caractéristique, les marchés agricoles sont particulièrement volatils : s'il manque un quintal pour satisfaire des ventres qui crient famine, les prix s'envolent. Si au contraire les estomacs sont pleins, les prix s'effondrent. Cette volatilité des prix est liée à la périssabilité des matières agricoles : elle est très forte lorsqu'il s'agit de produits fragiles comme les fruits et légumes. Elle dépend également de l'organisation des marchés et des industries alimentaires ainsi que de leur capacité à limiter les effets des variations de production. En tout cas, il y a là aussi une forte contradiction entre les espaces et les temps nécessaires au développement agricole et ceux des marchés des matières agricoles. Ce qui offre de nombreuses opportunités aux spéculateurs de perturber dans une économie libérale les systèmes de production et de commercialisation.

On soulignera en outre un dernier aspect : l'impact des facteurs météorologiques et climatiques sur les conditions de production. Face aux tempêtes, inondations et sécheresses, l'agriculteur est démuni. Dans le cas de l'agriculture traditionnelle, les conséquences sont toujours dramatiques. Mais, en général, avec une admirable ténacité, les paysans s'accrochent à leur terroir et surmontent ces catastrophes. Lorsqu'il s'agit de systèmes d'agriculture complexes, les conséquences peuvent être plus importantes en raison de coûts fixes beaucoup plus élevés. Ils sont donc d'autant plus sensibles à la volatilité des prix. Mais il est vrai que ces agricultures peuvent aussi se doter d'une capacité de résilience étonnante, comme c'est le cas de la Coopérative de production agricole (Copag), qui a constitué progressivement un remarquable complexe agro-industriel dans la haute vallée du Sous, au Maroc, aux confins du désert.

## Les systèmes et les filières de production

Les performances médiocres d'une agriculture traditionnelle ne sont pas seulement la conséquence de pratiques agricoles archaïques. Pour moderniser une agriculture, il faut également améliorer la formation des agriculteurs, rénover les infrastructures, rationaliser les systèmes d'approvisionnement en facteurs de production et de commercialisation… Mais il n'est pas possible de s'engager dans le développement agricole sans prendre en compte les questions de nutrition et de santé, la formation des femmes, l'éducation des enfants… Enfin, chaque fois que c'est possible, les manifestations culturelles sont les bienvenues pour renforcer l'identité et la cohésion des communautés villageoises face aux incertitudes de l'avenir. C'est pourquoi, après la seconde guerre mondiale, des projets ont tenté d'aborder globalement tous les obstacles au développement, tout en faisant bénéficier les paysans des avancées de la recherche. En Afrique noire, les tentatives de développement intégré les plus remarquables ont été conduites au Sénégal, avec les unités expérimentales, et en Côte d'Ivoire, sous l'appellation de villages pilotes.

Malgré le talent et la générosité des équipes engagées dans ces projets, ces opérations, qui ont permis une meilleure connaissance des sociétés paysannes, n'ont pas débouché sur un développement durable, et cela pour deux raisons.

D'abord, insensiblement, les activités sociales (santé, éducation…) prennent le pas sur les activités économiques (production, artisanat), ce que l'un de mes anciens référents en Côte d'Ivoire, l'ingénieur général Mathieu Rogier, traduisait par cette expression toute paysanne : « le manguier triomphe toujours[45] ! ». De fait, progressivement, il se crée un décalage entre les dépenses d'ordre social et les recettes économiques, ce qui a pour conséquence qu'à la fin du programme, en général financé par une aide extérieure, le projet s'arrête.

La seconde raison est d'ordre socioculturel : lorsque vous voulez rapidement moderniser une société villageoise en

45. Car tout le monde préfère palabrer à l'ombre plutôt que cultiver son champ en plein soleil ! Mathieu Rogier (1909-1975) avait été un des compagnons du général Leclerc. Il était en poste dans le nord du Tchad quand la seconde guerre mondiale éclata. Il se rallia immédiatement au général de Gaulle. Il fit toute la guerre comme adjoint de Jacques Massu et fut fait Compagnon de la Libération. Il poursuivit sa carrière d'ingénieur dans les services agricoles, d'abord en Afrique équatoriale française, avant de la finir en Côte d'Ivoire au cours des années 1960, où il fut le dernier directeur général français de l'agriculture.

réformant en même temps toutes ses facettes, vous créez, bien entendu, une dynamique prometteuse. Mais en même temps vous bousculez l'ordre social existant, surtout si les encadrements sociaux sont fragiles, comme souvent en Afrique noire. Sans en avoir pleinement conscience, vous ravivez de vieux conflits entre les familles et vous permettez à celles qui, les premières, ont bien compris l'intérêt de votre opération de prendre des positions dominantes, sources de nouveaux problèmes au sein de la communauté villageoise. C'est pourquoi il est essentiel, dans les opérations de vulgarisation et d'animation rurale, de laisser de l'espace et du temps aux sociétés paysannes pour leur permettre de « digérer » les innovations qu'on leur propose.

Les projets qui s'organisent autour des filières de production et qui consistent à programmer un ensemble d'opérations allant de la production jusqu'à la commercialisation présentent à cet égard bien des avantages : ils mettent l'accent d'abord sur les performances économiques ; ils sont plus faciles à manager ; ils ne concernent qu'une partie des activités agricoles. De fait, il y a de nombreux projets de filière qui ont réussi, comme cela a déjà été indiqué pour le coton en Afrique noire. Mais ces projets ont également leurs inconvénients : ils peuvent complètement déséquilibrer les systèmes locaux d'agriculture qui résultent de savants compromis tenant compte des groupes sociaux en présence et des ressources locales disponibles. Ils exigent l'achat de facteurs de production souvent importés, qui les fragilise. Leurs succès peuvent être compromis par l'évolution des marchés extérieurs sur lesquels généralement les filières ont peu de prises.

Aujourd'hui, un consensus se dégage pour estimer que le développement agricole doit « marcher sur les deux jambes » : d'abord bien valoriser les ressources locales, ce qui suppose une analyse fine du fonctionnement des systèmes d'exploitation agricole existants pour en tirer le meilleur parti, en s'efforçant de répondre aux besoins des populations, y compris dans le domaine énergétique ; ensuite développer des productions pouvant être commercialisées en dehors du terroir considéré, ne serait-ce que pour assurer les rentrées financières qui sortiront les populations de leur pauvreté. Le concept de filière est souvent très performant dans cette perspective.

## La vulgarisation, l'animation et les services

Dès qu'un paysan abandonne ses pratiques traditionnelles pour aller vers des systèmes d'exploitation modernisés, il a besoin d'être accompagné pour aménager ses champs, fertiliser ses sols, choisir les meilleures variétés et souches animales, protéger efficacement ses productions, les stocker, les transformer et les commercialiser...

Dans les premiers stades du développement agricole, ces services ont généralement été assurés par les appareils de vulgarisation mis en place par les pouvoirs publics. C'étaient souvent des organisations bureaucratiques qui encadraient les paysans de façon autoritaire. Les projets promus par Benor sous la dénomination *training and visit system*, avec le soutien de la Banque mondiale, furent la dernière expression de cette politique, au cours des années 1980.

Rapidement, les meilleurs observateurs ont remarqué que les paysans n'étaient pas tous bornés et que leurs pratiques n'étaient pas toutes irrationnelles ! De nouvelles méthodes sont apparues en Europe, surtout après la première guerre mondiale, pour donner la priorité à la formation des agriculteurs et de leurs dirigeants et pour s'appuyer d'abord sur leurs motivations et leurs projets. En France, la Jeunesse agricole catholique (JAC) s'est attachée, en développant une éducation populaire, à redonner confiance aux jeunes agriculteurs et à les aider à mieux comprendre le monde qui les entourait. Après la seconde guerre mondiale, Bernard Poullain a créé les Centres d'expérimentation des techniques agricoles (Ceta), qui avaient pour objet d'aider les agriculteurs à reprendre en main leur développement technique. Ces mouvements sont devenus assez puissants pour qu'au début des années 1960 l'État décide de transférer aux organisations professionnelles (les chambres d'agriculture) la responsabilité de la vulgarisation, rebaptisée développement agricole.

En Afrique noire, le même mouvement s'est dessiné, auquel sont attachés les noms de Robert Delavignette[46] (1931) et de Roland Portères[47]. Sous l'appellation d'animation ont été regroupés tous les efforts déployés pour former les futurs dirigeants des communautés villageoises, à charge pour eux de déterminer les services dont ils avaient besoin pour moderniser leurs exploitations — et plus généralement leurs communautés — et de les diffuser auprès des autres paysans.

En Europe et en Amérique du Nord, les exploitations agricoles ont acquis aujourd'hui la capacité intellectuelle et financière de définir elles-mêmes les services techniques, économiques et juridiques dont elles ont besoin et de les rémunérer. Ce qui a entraîné une disparition progressive des services traditionnels de vulgarisation, ou du moins leur profonde transformation. Bien entendu, cette évolution est tout à fait souhaitable, même si l'agriculture ne peut pas se développer sans régulations publiques. C'est elle que les tenants de l'École de Chicago défendent avec vigueur. Encore faut-il que les exploitations agricoles soient devenues de véritables entreprises, ce qui ne peut être l'aboutissement que d'un très long processus.

---

46. Robert Delavignette (1897-1976), gouverneur général de la France d'Outre-mer. Directeur de l'École coloniale de 1937 à 1946 et professeur à l'École nationale de la France de l'Outre-mer depuis cette date jusqu'en 1962, il contribua de manière exemplaire à la formation des cadres français et africains qui eurent à gérer la période si délicate de la décolonisation.

47. Roland Portères (1906-1974) fut ingénieur des services de l'agriculture de la France d'Outre-mer entre 1929 et 1947. Il fut conduit à créer et à gérer de nombreuses stations d'expérimentation en Côte d'Ivoire et en Guinée. En 1947, il succéda à Auguste Chevallier comme professeur au Muséum d'histoire naturelle, au sein duquel il créa la discipline de l'ethnobotanique.

## Le rôle indispensable de l'État

Ces analyses expliquent pourquoi l'intervention des pouvoirs publics est indispensable dans les économies traditionnelles pour accompagner le développement agricole. Car les concepts de l'économie libérale sont inopérants : ils fonctionnent dans un espace abstrait au sein duquel le temps n'a pas sa place — c'est la base des intuitions de Keynes. En particulier, en Afrique noire, l'impact des prix du marché mondial n'a pas permis jusqu'à présent de dégager globalement une capacité d'investissement durable des exploitations agricoles qui autorise un véritable développement. À cet égard, il est surprenant que de nombreux économistes ne comprennent pas que, dans les pays du Sud, les agriculteurs traditionnels sont au moins autant victimes de la volatilité des prix que les consommateurs urbains. D'ailleurs, chaque fois qu'il a été possible de mettre en place une politique pluriannuelle de prix, cela a entraîné un développement rapide de la production s'appuyant sur une amélioration non seulement des facteurs, mais aussi des structures de production. Par exemple, le développement de la production du coton en Afrique de l'Ouest avec le concours de la CFDT. C'est la même leçon que l'on peut tirer des réussites de la révolution verte en Asie.

Ainsi le principal problème du développement agricole est-il d'accorder ses contraintes de temps et d'espace avec celles des univers mentaux des agriculteurs et des mécanismes de marché. Dans l'agriculture traditionnelle, il n'y a que l'État, malgré ses limites, qui soit en mesure d'assurer cette cohérence et de réduire les incertitudes qui retiennent les investisseurs potentiels. Il n'y a que la puissance publique qui puisse mettre en place les services de vulgarisation agricole indispensables à sa modernisation et les financer sur une longue durée. D'où l'alternative suivante : ou l'État est suffisamment fort pour assurer ces missions, et l'agriculture se développe, ou l'État est défaillant, et il n'y a pas de développement agricole car il n'y a pas d'autres solutions. C'est ce que l'on constate en Afrique noire depuis la mise en œuvre des plans d'ajustement structurels qui ont détruit, au début des années 1980, les services et les filières agricoles mis en place avec persévérance depuis la fin de la seconde guerre mondiale. Les services privés se sont révélés incapables de prendre leur relais.

D'un autre côté, les services mis en place dans les projets de développement sont souvent très onéreux. Leurs pas de temps, rarement supérieurs à cinq ans, sont beaucoup trop courts pour leur donner l'efficacité attendue. La conséquence est une stagnation de l'agriculture en Afrique subsaharienne depuis une trentaine d'années.

Dans les pays développés, la situation est différente : d'une part, de nombreux chefs d'exploitation ont acquis une formation supérieure qui leur permet de comprendre les enjeux agricoles dans toutes leurs dimensions. Ainsi, nombre d'entre eux n'hésitent plus à vendre eux-mêmes leur production sur des marchés à terme. D'autre part, les systèmes agro-industriels ont progressivement acquis des dimensions qui leur donnent la possibilité de s'accorder avec les pas du développement agricole, en débordant même aujourd'hui au-delà des frontières nationales. Ces systèmes sont devenus capables de faire face en partie à la volatilité des prix par un ensemble de mécanismes, tels les contrats pluriannuels, ou d'infrastructures (stockage, industries de transformation…). Ils ont développé des services privés pour répondre efficacement aux attentes des agriculteurs. Ils ont pris ainsi progressivement leur autonomie par rapport à l'État, qui peut alors se concentrer sur ses missions de régulation, notamment vis-à-vis de la protection des biens communs de l'humanité.

# L'agriculture de l'Afrique noire, victime des idéologies dominantes

L'Afrique subsaharienne a un retard de développement par rapport aux autres continents, du fait notamment d'un état sanitaire longtemps particulièrement sévère. Cela explique une densité de peuplement historiquement faible et très dispersée, accompagnée d'échanges insuffisants. Depuis la seconde guerre mondiale, l'Afrique noire comble rapidement son retard démographique. Cette croissance est d'ailleurs si brutale qu'elle perturbe profondément les systèmes agricoles traditionnels (agriculture itinérante). Il faut donc y conduire une véritable révolution agricole débouchant sur des systèmes d'exploitation intensifs et durables.

Pour mieux comprendre la situation actuelle, il peut être utile de revenir aux leçons de René Dumont qui, le premier en 1962, alerta l'opinion publique sur les dérives inquiétantes qu'il observait en Afrique noire, derrière une situation alors globalement positive.

## *L'Afrique noire est mal partie*, de René Dumont

Lors de la publication en 1962 de *L'Afrique noire est mal partie,* de René Dumont[48], j'avais été choqué par le titre et le

48. René Dumont (1904-2001) est le plus célèbre des agronomes français contemporains. Après un premier séjour au Tonkin en 1929, à sa sortie de l'Agro de Paris, au cours duquel il s'opposa à l'administration coloniale, il revint dans son école occuper pendant une quarantaine d'années la chaire d'agriculture comparée. D'abord fervent défenseur des méthodes de l'agriculture américaine, il évolua peu à peu vers une critique du modèle productiviste

contenu de ce livre. Je savais pourtant que mon ancien professeur maniait la provocation avec un art consommé. Mais il me semblait que, pointant les difficultés du moment, il « cassait le moral » de tous ceux qui, autour de moi, se consacraient au développement de l'agriculture africaine. Le relisant après bientôt cinquante années, je mesure mieux son importance historique : il se situe au moment où la colonisation européenne prend fin, ce qui lui permet d'en dresser le bilan « à chaud » à l'issue de nombreuses missions effectuées dans les pays tropicaux qui l'avaient conduit non seulement à visiter un grand nombre de pays africains, mais aussi d'Asie (Inde et Chine) et d'Amérique latine (Brésil). Ce qui frappe d'emblée, c'est la pertinence des observations agronomiques, associée à une vision utopique du développement économique et social fondé sur le socialisme. Cela débouche sur une critique sans appel des comportements sociaux qu'il découvre dans la plupart des pays africains alors que ses éloges des politiques menées en URSS, en Chine et à Cuba suscitent aujourd'hui bien des sourires sur les lèvres de son lecteur.

Ce livre peut être considéré comme une remarquable synthèse des savoirs agronomiques à la fin des années 1950. Faisant le bilan de ses nombreuses études sur l'agriculture africaine, il passe en revue toutes les facettes du développement agricole, non seulement l'état actuel des technologies agricoles et de leur devenir, mais aussi leurs relations avec les pouvoirs publics, le système scolaire, le crédit, la coopération, l'industrialisation et en général le développement économique et social. Il met en valeur les initiatives les plus novatrices de cette époque,

agricole, au point de devenir en 1974 le premier candidat écologiste à une élection présidentielle. Doté d'un sens aigu de la provocation, il fut un des principaux artisans en France d'une meilleure compréhension des problèmes des pays en développement. Il fut pendant de nombreuses années le principal conseiller agricole du gouvernement, tant au ministère de l'Agriculture et au commissariat au plan qu'aux ministères de la France d'Outre-mer, puis de la Coopération.

comme l'animation rurale, lancée par l'Iram[49], au Maroc, dans les années qui ont suivi l'indépendance.

Bien de ses propositions paraissent aujourd'hui naïves, comme celle de remplacer la forêt naturelle par une forêt plantée, ou encore ses projets de planification agricole. Mais nous aurions tort de nous moquer car la lecture de ce livre souligne combien les connaissances agronomiques étaient rudimentaires à cette époque[50]. Elles étaient disparates, certaines productions étant mieux connues, comme les cultures bénéficiant des marchés à l'exportation, alors que les cultures vivrières, en l'absence d'agglomérations urbaines, se limitaient pour l'essentiel à l'autosubsistance. En particulier, les « approches systèmes » en étaient à leurs débuts. René Dumont insiste surtout sur la

49. L'Institut de recherches et d'application des méthodes du développement fut créé au Maroc au moment de l'indépendance par Yves Goussault et Henryane de Chaponay, dans la mouvance de Medhi Ben Barka, ce qui explique que plus personne n'en garde le souvenir aujourd'hui au Maroc. Au départ, les deux premiers pays qui ont accueilli ses programmes au cours des années 1960 furent le Sénégal de Mamadou Dia, puis le Chili de Salvador Allende.

50. Maurice Rossin (1912-1980), qui fut un des grands animateurs du développement agricole de l'Afrique noire francophone entre 1940 et 1980, me racontait que, lorsqu'il est arrivé à l'Office du Niger en 1936, on ne connaissait pas encore exactement la bonne date pour le semis du coton... Fils d'un petit agriculteur bourguignon, major de sa promotion, il commença sa carrière au Maroc sous l'autorité de Roger Trintignac. Il fut recruté par Émile Bélime, créateur de l'Office du Niger, comme chef du service agricole. Il rejoignit Ségou en 1938 après la visite du gigantesque périmètre irrigué de la Gézirah qu'avaient créé les Anglais au confluent des deux Nil, en amont de Khartoum. Il passa toute la guerre à l'Office, où il acheva sa mission comme directeur général (il avait à peine 30 ans). Puis il accompagna le développement de l'Orstom — aujourd'hui l'Institut de recherches sur le développement — pendant cinq années en tant que secrétaire général. Il devint en 1950 directeur général de l'agriculture, du génie rural et des forêts du ministère de la France d'Outre-mer. Il accompagna jusqu'en 1959 l'indépendance des colonies françaises avant de rejoindre le ministère de l'Agriculture, où il fut le directeur de la production agricole, puis de l'enseignement agricole, avant de devenir le premier directeur de la nouvelle École du génie rural, des eaux et forêts jusqu'à sa retraite en 1973.

complémentarité de l'agriculture et de l'élevage, à l'image de l'expérience européenne. C'est tout à fait justifié pour les régions de savane, mais plus problématique pour les zones forestières.

Cela ne l'empêche pas de mettre le doigt sur trois des grands problèmes qui expliquent la situation actuelle de l'Afrique de l'Ouest et qu'à l'époque j'avais largement sous-estimés : la mauvaise gouvernance, l'impact de la croissance démographique et la balkanisation.

La mauvaise gouvernance est pour René Dumont la cause principale du « mauvais départ de l'Afrique ». Il fustige l'orientation donnée aux crédits du Fides : trop de crédits ont été affectés à l'infrastructure administrative et sociale, pas assez au développement économique et à la formation d'un vrai paysannat. Il observe partout, à sa grande colère, la constitution d'une bureaucratie prédatrice qui se substitue à l'administration coloniale, en en reprenant tous les vices sans toujours apporter aux populations les services publics dont elles ont si grandement besoin. Il proteste contre le mépris du travail manuel que manifestent en toutes circonstances les nouvelles classes dirigeantes. Il regrette avec véhémence le poids disproportionné des charges de fonctionnement de l'État par rapport aux investissements, ces derniers étant déjà à l'époque réalisés pour l'essentiel sur les fonds apportés par l'aide extérieure. Il note partout la présence de prédateurs vis-à-vis des plus faibles, qui exigent des contributions financières ou en nature sans commune mesure avec les services rendus (métayage, usure). Il fustige le fléau de l'alcoolisme. Il s'indigne de voir l'épargne locale partir vers la France au lieu de s'investir sur place... En regard, il exalte les comportements vertueux et militants des cadres chinois : on sait mieux aujourd'hui ce qu'il en est, même si le dévouement des militants du parti communiste chinois a été longtemps exemplaire.

René Dumont insiste également déjà beaucoup sur l'impact de la croissance démographique en Afrique noire, qu'il évaluait à

3 % par an et sur les défis qui en résultent. C'était depuis longtemps l'une de ses obsessions. Je me rappelle une conférence-débat à l'Agro de Paris, alors que j'étais étudiant, entre René Dumont et le Père de Lespinasse sur ce sujet. Nous pensions que notre cher professeur n'allait faire qu'une bouchée de son interlocuteur. Il avait commencé à faire son cirque habituel en épluchant ostensiblement une orange au début du débat. Mais le jésuite avait été très habile pour défendre les positions de l'Église en soulignant, à partir de l'exemple de l'île de la Réunion, l'importance du facteur humain dans le développement économique. Aujourd'hui, je pense que les craintes de René Dumont étaient fondées et que, dans ce domaine aussi, il avait vu juste.

La balkanisation de l'Afrique noire est une autre préoccupation constante de l'auteur. Selon lui, aucun des nouveaux États ne réunit les conditions indispensables au développement industriel, dont il souligne le rôle moteur dans le développement économique et tout particulièrement vis-à-vis de l'agriculture. Cette balkanisation accroît les charges administratives au détriment du développement économique. René Dumont rêve d'une unité africaine qui réduirait à leur minimum les dépenses militaires et diplomatiques. Il est persuadé que cette balkanisation est le résultat des manigances du pouvoir colonial pour maintenir son influence.

La principale faiblesse de la réflexion de René Dumont est dans le domaine sociologique : il constate des dérives graves dans la gouvernance des nouveaux États qui vont, prophétise-t-il, conduire l'Afrique noire à sa ruine. Mais sa condamnation relève de l'ordre moral. Si les fonctionnaires se comportent mal, c'est qu'ils sont mauvais. Il les juge comme s'ils étaient en poste à Romorantin. Il ne prend pas en considération l'immense frustration qu'a fait naître la période coloniale pour la grande majorité des Africains, ni l'immense ressentiment qui en a résulté. Pour illustrer mes propos, je prendrai pour exemple le chapitre 16, qu'il consacre au plein emploi :

constatant que, dans les régions rurales africaines, il y a de nombreuses périodes au cours desquelles les activités agricoles laissent beaucoup de temps libre, il considère qu'il y a là un potentiel à mobiliser pour accélérer le développement agricole. Il en fait même une des priorités de l'action publique, observant que les capitaux seront rares au cours des premières étapes du développement. Tout naturellement il cite l'exemple de la Chine, alors en pleine révolution culturelle. Cette analyse doit être fortement nuancée.

Dans les régions soudaniennes, il y a effectivement des périodes de moindre activité, liées à des systèmes de production imposés par les rythmes climatiques. Mais dans les périodes de culture, la somme de travail peut être considérable et aller jusqu'à la limite des forces des paysans, souvent affaiblis pendant les périodes de « soudure » par la malnutrition et les maladies. Pendant ces périodes, il n'y a pas de possibilité d'intensification du travail en dehors de la hausse de productivité que pourrait apporter l'emploi d'équipements appropriés. En revanche, il serait possible de mieux employer les périodes de moindre travail agricole en jouant sur la transformation des systèmes d'exploitation et en développant des activités de valorisation des productions (embouche, artisanat, tourisme).

À l'inverse, dans les régions forestières, l'agriculture itinérante ne demande que quelques heures de travail agricole par jour en moyenne, essentiellement des travaux d'abattis complétés par le feu. La situation est bien différente de la Chine, où une longue évolution a habitué le paysan à allonger ses journées de travail agricole pour tirer durablement davantage de sa terre, mais avec une productivité du travail bien moindre. Or dans toutes les civilisations, le travail agricole a mauvaise presse, à la différence de la chasse, de la pêche et des activités artisanales[51]. Il a fallu un long processus — coercitif — pour que

51. La pénibilité du travail agricole, ressentie de tout temps, est certainement à l'origine de la pratique de l'esclavage

les paysans acceptent de travailler la terre plus longtemps. La Genèse de la Bible en rend témoignage : le paradis terrestre fut le moment où les populations avaient suffisamment d'espace pour satisfaire leurs besoins avec des pratiques agricoles légères. C'est la densification du peuplement humain qui a obligé les hommes à l'abandonner pour « gagner leur pain à la sueur de leur front », et ils ont vécu ce changement comme une malédiction. J'en ai moi-même fait l'expérience en Côte d'Ivoire : une coopération s'était établie avec Taiwan et une équipe de techniciens chinois était venue faire une démonstration de riziculture irriguée dans des bas-fonds situés au milieu de la forêt ivoirienne. En quelques mois, elle avait installé de magnifiques rizières qu'elle a cultivées pendant plusieurs années. Naturellement, les paysans voisins ont regardé cette expérience avec beaucoup d'intérêt. Mais aucun d'entre eux ne l'a imitée. Non qu'ils fussent trop bêtes pour comprendre l'intérêt de l'opération ! Mais ils étaient trop intelligents pour ne pas en percevoir les conséquences en matière de temps de travail agricole et de risques encourus[52]. Car si le temps non occupé par les activités agricoles est en général important lorsque les systèmes de production sont peu intensifs, cette disponibilité est très appréciée par les populations traditionnelles. Elle s'inscrit dans une philosophie de la vie. Sa mobilisation suppose des changements culturels fort coûteux, qui demandent beaucoup de temps. Je regrette que trop souvent René Dumont en soit resté à une condamnation morale, sans se demander les raisons profondes des comportements de populations ni meilleures, ni pires que d'autres, mais qui se trouvent à un stade d'évolution culturelle différent.

En définitive, *L'Afrique noire est mal partie* reste un livre fondamental pour l'histoire de l'agriculture africaine : il en

52. La Côte d'Ivoire des années 1960 était passionnante pour un agronome puisqu'à cette époque coexistaient des systèmes très extensifs, dans les zones forestières, et très intensifs en travail, dans le nord du pays, chez les Sénoufos par exemple.

dresse un bilan très documenté et averti, au moment charnière de l'accession des colonies européennes à l'indépendance. Il est le premier à avoir alerté l'opinion publique sur des dérives qui allaient prendre tant d'ampleur au cours de la fin du XX<sup>e</sup> siècle et qui expliquent en grande partie les difficultés actuelles.

## Les acquis de cinquante ans de développement agricole

La situation souvent désastreuse des agricultures africaines aujourd'hui ne doit pas faire oublier tous les acquis de ces cinquante dernières années, que la crise actuelle occulte trop souvent dans les mémoires collectives. Il n'y a pas que la filière du coton à avoir été pendant longtemps une des locomotives de l'agriculture africaine. Le « miracle ivoirien » qui reste dans toutes les mémoires s'appuyait sur une croissance de la production agricole de 8 % par an. Bien entendu, il s'agissait de cultures d'exportation. Mais celles-ci bénéficiaient à plein non seulement de la situation générale du pays, mais aussi des contributions de la recherche agronomique à travers une synergie exemplaire entre les stations de recherche et les sociétés publiques chargées du développement des filières de production : palmier à huile, cocotier, café, cacao, hévéa, fruits tropicaux. Les autres secteurs agricoles ont aussi bénéficié de ce dynamisme : la filière africaine du coton disposait à Bouaké d'une de ses principales sources d'amélioration génétique. C'est dans cette ville qu'ont été lancés des travaux novateurs sur le riz pluvial. En matière forestière, des investigations extrêmement prometteuses ont été conduites sur la mise au point d'une sylviculture permettant d'exploiter de manière durable l'immense potentiel forestier tropical, dont on sait que la diversité constitue en même temps une richesse et un handicap pour sa gestion. Enfin, en ce qui concerne la recherche vétérinaire, dont les principaux centres n'étaient pas situés en Côte d'Ivoire mais au Sénégal et au Burkina

Faso, peut-on rappeler que la peste bovine fut la première maladie animale au monde à avoir été éradiquée ? La maladie du sommeil, si lourde de conséquences sur le développement de l'Afrique noire, a bénéficié de travaux novateurs, non seulement sur les méthodes de traitement et de lutte contre la mouche tsé-tsé, mais aussi sur la sélection et la production d'animaux trypano-tolérants.

Il faut souligner aussi l'ampleur des aménagements hydro-agricoles réalisés le long des fleuves africains. Plusieurs productions agricoles ont contribué de manière remarquable au développement de certains pays : l'arachide au Sénégal, le coton au Tchad, le café en pays bamiléké, au Cameroun, la canne à sucre dans la vallée du Niari, au Congo-Brazzaville. Même si nombre de ces opérations ont aujourd'hui disparu, les acquis sont toujours là dans les dossiers des centres de documentation et dans l'esprit des paysans qui en ont bénéficié.

Les sciences humaines et sociales et les sciences du développement ont également beaucoup progressé. Cet essai n'aurait pas pu être écrit il y a cinquante ans, tant les connaissances étaient encore sommaires. Et les nombreux projets de développement ont aussi contribué, avec leurs réussites comme avec leurs échecs, à mieux préciser les défis à relever pour qu'enfin l'Afrique noire s'engage dans le développement.

Les événements dramatiques qui trop souvent marquent l'actualité africaine ont eu des conséquences sur ce patrimoine scientifique et technologique, fruit de tant d'efforts patients et persévérants : de nombreuses collections végétales ont été détruites ou abandonnées, faute de soins, des bibliothèques et centres de documentation dévastés, des équipes de recherche et de développement dispersées… Heureusement, la France a pu assurer la conservation de l'essentiel de sa contribution à travers la création d'Agropolis, à Montpellier. D'autres institutions internationales (ITTA, Adrao…) participent au sauvetage de ce patrimoine. Sur le plan des connaissances et des techniques, la situation est donc très différente de ce qu'elle était en 1960. Il reste encore beaucoup de domaines à explorer. Mais l'essentiel aujourd'hui est de mobiliser les connaissances existantes, considérables, pour déboucher sur des savoirs nouveaux, avec la participation des utilisateurs finaux.

## La Politique agricole commune, une référence pour l'Afrique de l'Ouest ?

La Politique agricole commune (Pac) a accompagné toute ma carrière professionnelle : jeune étudiant entre 1955 et 1961, j'ai suivi avec passion sa naissance, première étape décisive engagée, avec le Marché commun, par les États européens pour se dégager des impérialismes américain et russe. Ceux-ci étaient la conséquence dramatique de la fin de la seconde guerre mondiale.

### Les débats autour de la Pac

Lorsque je suis rentré de Côte d'Ivoire, les débats agricoles étaient dominés par le célèbre rapport Mansholt[53], du nom d'un remarquable commissaire européen à l'agriculture de nationalité hollandaise. Celui-ci plaçait les Européens devant les nouveaux défis à relever du fait du succès de la Pac. Et puis, tout au long de ma carrière au ministère de l'Agriculture, il m'a fallu défendre les acquis de cette politique, tout en répondant aux nombreuses critiques qu'elle soulevait.

Des critiques extérieures tout d'abord, notamment dans le cadre du cycle des négociations internationales de l'*Uruguay*

53. Sicco Mansholt (1908-1995) a été pendant treize ans ministre néerlandais de l'Agriculture après 1945. En 1958, il devient le premier commissaire européen de l'agriculture. Il sera vice-président, puis président de la Commission européenne entre 1972 et 1973. En 1968, il publie un célèbre rapport qui a servi de référence aux réflexions européennes sur le développement de l'agriculture, même si le plan qui en est résulté en 1972 était loin de traduire la vision prospective de son auteur.

*round*[54] en faveur du démantèlement des barrières douanières pour favoriser le développement du commerce international.

Mais aussi des critiques internes sur le fait que, d'une part, 80 % des aides européennes bénéficiaient seulement à 20 % des agriculteurs et que, d'autre part, cette politique conduisait à des pratiques productivistes désastreuses pour le budget communautaire — financement des exportations et de stocks — et pour la pérennité des écosystèmes européens — pollution des sols et des nappes phréatiques, perte de biodiversité.

## L'École de Chicago et la critique de l'intervention de l'État dans le domaine économique

Plus fondamentalement, la Pac a été profondément déstabilisée par les idées de l'École de Chicago, devenues dominantes dans la pensée économique mondiale au cours des années 1970. À plusieurs reprises, j'ai souligné leurs impacts sur le développement de l'agriculture africaine depuis la fin des années 1970. Je vais essayer de préciser ces critiques.

L'École de Chicago a émergé après la seconde guerre mondiale en réaction aux théories professées par Keynes, qui s'étaient imposées après la grave crise économique de 1929[55]. Keynes avait révolutionné l'économie classique en privilégiant les approches macroéconomiques. Il avait ainsi expliqué la grande dépression par le fait que les marchés ne se rééquilibrent pas automatiquement d'eux-mêmes. Il appelait donc de ses vœux la mise en œuvre par l'État de politiques économiques

54. Ce cycle de négociations internationales s'est déroulé dans le cadre de l'Accord général sur les tarifs douaniers et le commerce (Gatt), entre 1986 et 1994. Le cycle d'Uruguay a abouti aux accords de Marrakech en 1994, et finalement donné naissance à l'Organisation mondiale du commerce en 1995.

55. John Maynard Keynes (1883-1946). Son plus célèbre ouvrage s'intitule *Théorie générale de l'emploi, de l'intérêt et de la monnaie* (1936).

conjoncturelles pour assurer un développement harmonieux des économies.

Or le principal économiste de l'École de Chicago, Milton Friedman (1912-2006), prix Nobel 1976 de l'économie, avait commencé sa carrière, dans l'entourage du président américain Franklin Roosevelt, en contribuant à la mise en œuvre du *new deal,* d'inspiration keynésienne, pour sortir les États-Unis de la crise de 1929. Ce qui le conduisit à construire sa pensée sur la critique de cette politique. Il remit en cause la légitimité et l'intérêt de l'intervention de l'État dans les affaires économiques en plaidant qu'il fallait *in fine* laisser faire les marchés. Bien sûr, il y aurait des populations qui en pâtiraient à certains moments — et c'était fort regrettable — mais c'était aussi le cas lorsque l'État intervenait. Car au total, si on prend en compte un espace de temps suffisant, le marché fait toujours bien mieux que l'État, qui trop souvent intervient de façon maladroite dans la sphère économique. De plus, les interventions publiques sont souvent l'occasion de corruptions et de prédations qui gaspillent l'argent public, notamment dans les pays où la gouvernance n'est pas optimale.

Ces idées se sont imposées au début des années 1980 à l'échelle mondiale sous la forme du célèbre « consensus de Washington ». Celui-ci est un accord informel passé entre le Fonds monétaire international, la Banque mondiale et le Trésor américain pour imposer aux États défaillants du Sud une politique ultralibérale, seule voie de salut selon ces institutions pour les conduire vers le développement. Il préconisait une réduction drastique de leurs dépenses publiques. Ce qui a entraîné le démantèlement des services publics et des entreprises d'État, la conviction de ses promoteurs étant qu'il n'y aurait que des avantages à remplacer la plupart d'entre eux par des entrepreneurs privés. C'est sur ces bases qu'ont été mis en œuvre les plans d'ajustement structurel qui ont bouleversé les administrations africaines.

Ainsi interventions publiques et politique agricole sont devenues des gros mots. Et ceux qui continuaient à défendre ces concepts ne pouvaient qu'être des esprits retardés !

## Le retour de la régulation

Aujourd'hui, les idées ont évolué : l'émergence d'une crise écologique mondiale ainsi que les dégâts consécutifs à une volatilité trop grande des prix ont ramené au premier plan le concept de régulation : régulations pour protéger les biens communs de l'humanité que sont les sols, les ressources en eaux, la biodiversité et le climat et que l'on ne peut laisser au gré des forces du marché ; régulations des prix des matières agricoles, nécessaires pour éviter, en cas de hausse rapide, des crises sociales violentes, notamment dans les agglomérations du Sud qui s'approvisionnent largement sur le marché mondial, mais aussi, en cas de baisse rapide, des réactions brutales des agriculteurs du Nord, qui ont les moyens de défendre leurs intérêts légitimes. Ce retour de la régulation dans les politiques publiques est intéressant mais ce concept ne prend pas bien en compte les contraintes particulières des paysanneries traditionnelles.

## Les leçons de la Pac

Si, par la pensée, on pouvait isoler l'Afrique de l'Ouest du reste du monde, il est vraisemblable que l'analyse des situations agricoles de ces pays conduirait progressivement leurs responsables, comme il y a cinquante ans les Européens, à conclure que seule une intervention publique puissante et coordonnée à l'échelon régional serait capable de relever les défis actuels. Elle pourrait renforcer l'autonomie de la région par rapport à des marchés mondiaux destructeurs, sans tomber toutefois dans une autarcie illusoire.

Mais ces responsables ne fonctionnent pas en vase clos. Ils sont en contact avec le reste du monde, à travers les flux économiques et d'information qui s'intensifient chaque jour davantage. Ils sont donc influencés par la pensée économique dominante, qui correspond à des agricultures beaucoup plus avancées que celles d'Afrique noire. Résultat : bien que le concept de régulation s'impose de plus en plus dans les débats internationaux, par exemple au sein du G20, celui de politique agricole continue d'avoir mauvaise presse en Afrique noire, malgré les efforts de la Communauté économiques des États de l'Afrique de l'Ouest (Cedeao).

Pourtant, par de nombreux aspects, sa situation actuelle est proche de celle qui caractérisait l'agriculture européenne à la fin de la seconde guerre mondiale, ou les agricultures indienne et chinoise avant la révolution verte. Bien entendu, la balkanisation politique de l'Afrique subsaharienne représente un sérieux handicap pour le développement agricole. C'était aussi le cas de l'Europe occidentale dans les années 1950. Seule, la conviction partagée par tous les responsables politiques européens qu'une politique agricole régionale pouvait permettre de panser les plaies de la guerre et de répondre aux attentes alimentaires des populations a pu faire émerger la Politique agricole commune. Celle-ci permettait aussi de faire face à la dissolution du pacte colonial et d'atteindre un degré de compétitivité suffisant pour exister sur le marché mondial. Cette ambition fut assez forte pour surmonter les réflexes nationalistes, encore attisés par cinq années de guerre.

Il est vrai qu'à cette époque l'intervention de l'État dans le domaine économique allait de soi. Les pouvoirs publics avaient parfaitement conscience que la stabilité de l'État reposait sur deux impératifs principaux : assurer coûte que coûte l'approvisionnement alimentaire des populations pour conforter la stabilité interne de l'État en évitant les émeutes de la faim, à l'origine de nombreuses révolutions, comme celle de 1789 ; garantir la stabilité externe de l'État grâce à un haut niveau de performance des forces armées car, en cas de défaite militaire, les régimes politiques en place sont en général éliminés.

Observons d'ailleurs que l'agriculture et les industries d'armement peuvent être considérées, l'une et l'autre, comme des industries lourdes. Et la conception de la Pac est contemporaine de la création de la Communauté européenne charbon acier (Ceca), première étape vers l'émergence du Marché commun et de la Commission européenne. Dans l'un et l'autre cas, les responsables politiques européens ont pris conscience que désormais le développement de ces deux secteurs clés pour l'autonomie européenne ne pouvait plus se gérer qu'à l'échelle régionale, avec l'acceptation d'une certaine perte de souveraineté de la part des États participants. Mais personne ne contestait à l'époque ni la légitimité, ni l'intérêt d'une intervention des pouvoirs publics pour redresser l'agriculture européenne.

Est-il possible de faire de l'histoire-fiction en imaginant que les thèses de l'École de Chicago aient émergé dans le débat public dès les années 1940 ? Ce qui est objectivement difficile à concevoir puisque les États-Unis étaient à l'époque engagés dans un effort militaire sans précédent. Mais faisons cependant une hypothèse : si en 1945 les idées de Milton Friedman avaient dominé la pensée économique mondiale à la place des thèses de Keynes, les gouvernements européens se seraient-ils sentis légitimes pour engager une politique agricole commune, même poussés par la pénurie de denrées alimentaires qui imposait une politique de rationnement ? Auraient-ils accepté de rester les bras ballants en attendant que cela se passe ? C'est difficile à imaginer. En tout cas, il aurait été beaucoup plus difficile de lancer la Pac.

D'un autre côté, son succès — que certains économistes libéraux contestent d'ailleurs — est tel qu'il est difficile d'imaginer le scénario d'une histoire de l'agriculture européenne au sortir de la guerre sans une forte intervention des pouvoirs publics. Mais il est vrai que les progrès de l'agriculture européenne à partir de 1960 ne sont pas tous à mettre au crédit de la Pac.

En France, il y a eu dans le dynamisme de l'agriculture de cette époque un facteur indépendant de l'État : le mouvement de la JAC, dont nous avons déjà souligné le rôle dans la modernisation de l'agriculture française après la seconde guerre mondiale, aurait-il pu à lui seul relancer le développement agricole en lui donnant la dimension européenne qui a contribué incontestablement à sa réussite ? Peut-être, en raison de la qualité de ses dirigeants, comme Michel Debatisse, mais cela est quand même bien improbable. Il reste que le développement de l'agriculture française a largement reposé sur le pacte que ce responsable agricole a passé en 1960 avec le Premier ministre du général de Gaulle, Michel Debré. Il a permis d'accompagner les efforts des agriculteurs, notamment dans le domaine de la formation et de la restructuration de leurs exploitations, par des politiques volontaristes de l'État cogérées avec les responsables agricoles. Ainsi ont-ils pu conduire à son terme leur « révolution silencieuse » (Debatisse, 1963) en restant au cœur des dynamiques agricoles européennes, ce qui a permis d'en limiter les coûts économiques et sociaux.

Par ailleurs, la motorisation de l'agriculture, favorisée par les pouvoirs publics, tout en s'inscrivant dans une dynamique propre, explique pour une large part le développement des productions européennes au cours des années 1950-1960. Elle a permis en effet de dégager les 20 % de surface agricole utile consacrés à l'alimentation du cheptel de trait. Cette révolution dans les pratiques agricoles se serait sans doute réalisée sans intervention de la Pac. Mais les orientations de la recherche agronomique publique, qui ont favorisé l'émergence d'un modèle d'exploitation familiale, n'étaient pas inscrites dans les gènes d'un marché agricole.

Enfin, le grand acquis des décisions stratégiques de la fin des années 1950, la création d'un marché agricole régional européen, aurait-il pu émerger sans les interventions volontaristes des États européens ? Évidemment non. Il est possible d'imaginer un scénario alternatif, où la déliquescence des États européens aurait entraîné l'implosion des marchés nationaux au bénéfice des marchés mondiaux. Mais chacun peut imaginer les conséquences d'une telle évolution.

En conclusion, il paraît difficile de nier l'impact extrêmement positif des interventions coordonnées des États européens en faveur du développement de leurs agricultures et les bénéfices qu'ils en ont tiré globalement : qualité de l'alimentation, paix sociale, aménagement du territoire, développement économique. Il est donc légitime de souhaiter que les États ouest-africains puissent s'engager dans une démarche collective s'inspirant de cet exemple.

## Pour une pensée économique autonome du développement agricole africain

En tout cas, il est frappant de constater que l'idéologie portée par l'École de Chicago a eu des effets déstabilisants considérables sur les appareils d'État africains et sur l'orientation des activités des organisations internationales. Les plans d'ajustement structurel conduits par le FMI et la Banque mondiale au début des années 1980 en Afrique noire étaient sans doute nécessaires au vu de la situation macroéconomique de ces États. Mais ces réformes auraient pu et auraient dû se faire sans sous-estimer le rôle de l'État. Bien au contraire, elles auraient dû faire de sa modernisation une priorité stratégique. Ce qui n'a pas été le cas. Il y a là une erreur stratégique, très difficile à rattraper. Le bilan que l'on peut aujourd'hui tirer de cette politique est mitigé. Pas plus que le « tout État », le « tout marché » n'a apporté aux pays du Sud le bonheur que ses promoteurs annonçaient. Ce qui a inspiré à Joseph Stiglitz les pages vengeresses de son livre *La grande désillusion* (2002).

En conclusion, il faut souligner les spécificités des contraintes écologiques de l'Afrique subsaharienne et de son histoire. Elles justifient que le développement de son agriculture soit considéré en lui-même, et non en faisant référence à d'autres régions du monde, dont la situation actuelle est toute différente, ou à celle des autres secteurs économiques. C'est à ce prix que les responsables africains pourront donner toute leur mesure en accompagnant le développement économique en cours des grandes agglomérations africaines par une politique agricole permettant à leurs hinterlands d'en bénéficier et même de constituer à terme un nouveau relais de leur croissance.

# Trois orientations à privilégier

La situation actuelle de l'Afrique de l'Ouest est d'abord le résultat de chocs de nature socioculturelle qui, restreignant progressivement les visions spatio-temporelles des acteurs, ont entraîné des comportements commandés par l'urgence du quotidien et ne prenant en compte que les contextes locaux. Ce qui s'avère catastrophique dans un monde en voie de globalisation. Pour y faire face, les politiques agricoles africaines doivent s'attacher en priorité à favoriser un élargissement des perspectives spatio-temporelles de manière à mieux valoriser les efforts individuels et collectifs et améliorer l'insertion de l'Afrique noire dans l'économie mondiale. Il s'agit de faire émerger de nouveaux mécanismes de gouvernance débouchant sur des choix plus cohérents entre eux. Cela conduit à retenir trois domaines essentiels, qui seront abordés successivement : redonner la priorité au long terme ; adapter les régimes fonciers à leur nouvel environnement agroécologique et social ; faire émerger des marchés régionaux.

Ces choix appellent deux remarques :

– la formation des hommes n'en fait pas partie. Cela ne signifie pas qu'elle ne soit pas prioritaire. Mais elle a déjà fait l'objet de tant d'écrits qu'il est difficile de renouveler cette thématique fondamentale. Ou alors il faudrait lui consacrer tout un ouvrage...

– chacun de ces domaines sélectionnés est à la fois un facteur d'évolution, mais aussi le résultat de celle-ci. Ce qui explique que ces domaines, pour essentiels qu'ils soient, comptent aussi parmi les plus difficiles à traiter. Ils sont souvent au cœur des dynamiques politiques locales et nationales. De ce fait, les agences internationales de développement ont quelques scrupules à y intervenir. Et pourtant ce sont ces thématiques qu'il faut travailler en priorité avec nos partenaires pour desserrer les contraintes pesant sur l'agriculture africaine.

## Redonner la priorité au long terme

Redonner la priorité au long terme sur les préoccupations du quotidien est une nécessité pour relancer les politiques agricoles africaines, même si c'est difficile du fait de situations locales souvent dramatiques. Mais en agriculture et en gestion des espaces forestiers et naturels, il n'existe aucune démarche de progrès qui ne s'inscrive dans la durée et dans l'espace. Il faut donc mobiliser toutes les énergies dans cette direction et aux différentes échelles.

À l'échelon local, il est important de sensibiliser les populations sur l'histoire de leur territoire, afin d'y inscrire les événements du quotidien. C'est fondamental pour consolider leur identité si bousculée par les phénomènes de mondialisation. C'est aussi essentiel pour qu'elles comprennent les changements qu'elles subissent afin de pouvoir agir sur eux. Les Organisations non gouvernementales (ONG) et les Organisations de producteurs ont un rôle important à jouer en s'appuyant sur les méthodes de l'éducation populaire et en mobilisant différents outils, dont les photos aériennes qui couvrent l'Afrique noire depuis au moins cinquante ans. Il faut encourager les débats sur l'avenir des territoires à travers des enquêtes impliquant activement les habitants. Cette prise de conscience de l'importance de la durée par l'opinion publique est essentielle à la relance des politiques agricoles.

À l'échelle nationale, seul l'État, nous l'avons vu, peut créer les cadres spatio-temporels qui assureront le développement de l'agriculture. Seule la puissance publique est en mesure d'organiser les débats collectifs qui permettront de construire son avenir. Cependant, les plans d'ajustement structurels mis en place par la Banque mondiale et le FMI au cours des années 1980, dans le cadre du « consensus de Washington », ont été dévastateurs pour les administrations. Du fait du blocage brutal des recrutements administratifs, de la limitation drastique des moyens de fonctionnement des services, mais surtout du dénigrement systématique de l'action de l'État en dehors des domaines non régaliens (force publique, monnaie et justice), il n'y a aujourd'hui en Afrique noire aucun ministère de l'Agriculture qui soit porteur d'une vision stratégique. La politique agricole se réduit à un ensemble de projets, mal coordonnés entre eux, qui ont généré des administrations parallèles, souvent composées de fonctionnaires trouvant là le moyen de compléter des soldes dérisoires (Ribier, 2008). Il est regrettable, mais compréhensible, que le seul objectif de ces nouvelles entités soit de perdurer une fois le projet achevé, afin de maintenir le plus longtemps possible à leur personnel les avantages liés aux financements par les institutions étrangères. Ainsi, lorsqu'on se déplace dans une capitale africaine, le regard est attiré par la floraison des panneaux placés devant le siège des différents projets, qui sont autant de petites administrations luttant pour leur survie. C'est ce que j'appelle la « politique de l'artichaut », puisque chacune d'entre elles est comme autant de feuilles successives autour des ministères agonisants.

Aujourd'hui une prise de conscience commence à se manifester vis-à-vis des effets pervers de cette politique. Mais il faudra beaucoup de temps pour reconstruire une administration qui reprenne confiance en elle, qui retrouve ses valeurs de service public, qui soit capable de rejouer son rôle d'animateur à l'échelle nationale et d'accompagner les agriculteurs au plus près de leur terroir. Raison de plus pour s'y attaquer sans tarder.

J'ai été heureux de vivre une telle renaissance au Maroc, avec le lancement en 2008, à l'initiative du roi Mohamed VI, du plan Maroc vert. Ce qui est tout à fait significatif est qu'au départ le ministre de l'Agriculture avait fait appel à un célèbre cabinet d'audit américain pour concrétiser l'initiative royale. Celui-ci s'est naturellement surtout intéressé à ce que l'on appelle le « Maroc utile », c'est-à-dire les grandes plaines fertiles et les périmètres d'irrigation. La chance a voulu que le Conseil général du développement agricole du ministère marocain de l'Agriculture soit présidé par une personnalité de valeur, le professeur Mohamed Ait Kadi. Celui-ci proposa de rééquilibrer l'exercice en prenant en charge, dans un volet 2 — le volet 1 concernait la partie prise en charge par les experts américains et était limité aux zones productives —, l'avenir agricole et rural des zones difficiles, essentiellement les régions montagneuses et les oasis. Il lança donc une réflexion stratégique centrée sur ces régions, qui continuent en effet de jouer un grand rôle dans l'équilibre politique du royaume. Cet exercice a été mené à bien en s'appuyant prioritairement sur l'administration marocaine. Il a permis de renouveler la vision des questions agricoles et rurales au Maroc et a débouché sur des réorganisations de l'administration marocaine et de son fonctionnement attendues depuis longtemps.

J'ai vécu un autre exemple avec le Sénégal, puis le Mali, au début des années 2000. Ces deux pays se sont lancés successivement dans l'élaboration d'une loi d'orientation agricole qui avait pour objectif d'organiser un vaste débat sur l'avenir de leur agriculture. Cette réflexion collective, de qualité, a débouché dans l'un et l'autre pays sur des textes législatifs novateurs. Il reste à poursuivre leur mise en œuvre.

Ces exemples montrent l'importance de l'administration dans l'élaboration et la mise en œuvre de stratégies agricoles nationales. Elles seules sont capables de replacer le long terme dans l'actualité. La modernisation des ministères africains de l'Agriculture est donc une tâche prioritaire : il faut revoir leur organisation, leurs procédures, leur politique des ressources humaines, notamment dans le domaine salarial, et leurs moyens d'action, en supprimant toutes les organisations issues des projets internationaux qui polluent le paysage administratif. C'est une tâche difficile, d'abord parce que l'idéologie de l'École de Chicago est toujours présente, que les fonctionnaires les plus compétents ont hélas quitté depuis longtemps leur administration d'origine et que la situation est aujourd'hui telle qu'il faut avoir l'âme d'un militant pour se lancer dans l'aventure. D'autant que le clientélisme ambiant, fondé sur la conviction des hommes politiques qu'ils seront jugés d'abord sur leur capacité à trouver n'importe quel emploi à leurs électeurs, ne facilite pas un recrutement administratif fondé principalement sur la qualité. C'est pourtant la première des tâches si on veut relancer l'agriculture africaine.

Il faut dire quelques mots sur le rôle des agences internationales de développement, comme l'Agence française pour le développement (AFD) ou la GTZ (Gesellschaft für Techniche Zusammenarbeit). Sous l'influence américaine, elles ont mis l'accent sur le financement des projets, au détriment des programmes engagés sur une longue durée et des politiques institutionnelles. Cette orientation a sa justification politique en ce sens qu'elle respecte mieux l'autonomie des États africains et qu'elle permet aux ambassadeurs de conduire une politique dynamique de communication. Puis-je faire observer cependant que cela n'a pas empêché les agences internationales de développement d'imposer, au moment des plans d'ajustement structurel, une réforme administrative majeure, certes nécessaire, mais qui aurait pu être moins brutale ? Mais, outre qu'une aide internationale fondée essentiellement sur les projets accentue les visions à court terme, elle entraîne des coûts de négociation souvent excessifs par rapport aux capacités réelles des États africains. On ne peut donc qu'encourager les agences internationales de développement à jouer tout leur rôle dans la modernisation des administrations africaines. C'est d'ailleurs indispensable au succès durable de leurs opérations. Il faut souhaiter que les projets financés par l'aide publique internationale soient mieux au service de politiques institutionnelles à la base du développement agricole. Leur négociation peut alors devenir un excellent exercice pour aider les administrations africaines à penser leur avenir. À cet égard, les récentes procédures *Poverty Reduction Strategy Program* de la Banque mondiale[56] et des Documents communs de partenariat (DCP) instaurés par le ministère français des Affaires étrangères pour réguler les interventions de l'AFD dans les États africains francophones sont des initiatives utiles, à condition qu'elles ne soient pas des exercices formels et qu'elles puissent s'appuyer sur des réflexions stratégiques impliquant fortement les organisations professionnelles agricoles et de manière plus générale la société civile.

Car, en définitive, la qualité des services publics dépendra d'abord de leurs engagements. Dans les conditions actuelles, on ne peut s'étonner qu'ici et là il y ait des délits de prédation et de corruption accompagnant l'action des services de l'État. Ils ne doivent être ni minimisés, ni exagérés au point de préconiser la disparition de ces services. Les ministères doivent être dotés de services d'inspection efficaces pour poursuivre les fautifs chaque fois que c'est nécessaire. Mais le bon fonctionnement des services publics dépendra surtout de la qualité des contre-pouvoirs de la société civile qui, seuls, peuvent à long terme améliorer la gouvernance du secteur agricole. Il faut donc accorder une attention soutenue au développement d'organisations professionnelles représentatives, dynamiques et… professionnelles !

Enfin, il faut agir à l'échelon régional. Il y a un lien étroit entre l'espace et le temps : allonger le pas de temps conduit à élargir l'espace géographique considéré. Il n'y aura pas de prise en compte de la longue durée si les réflexions agricoles n'embrassent pas de larges espaces africains, surtout dans le monde du XXIe siècle, dominé par des pays continents. Or je suis frappé de

56. Engagée dans le cadre de l'initiative « Pays pauvres très endettés », vite transformée par l'humour africain en « Petit peuple très énervé » !

constater combien les pays africains connaissent tout de leurs anciennes métropoles — alors que l'inverse n'est hélas plus vrai — et peu de ce qui se passe dans les pays voisins. Il est donc nécessaire de développer une vision africaine de l'agriculture, d'autant plus que la diversité des climats devrait favoriser leurs complémentarités. Il faut également noter que, dans toutes les grandes négociations internationales (OMC, changement climatique), l'Afrique ne peut défendre ses intérêts que si elle parle d'une seule voix[57], ce qui exige que les opinions publiques puissent bien appréhender les intérêts légitimes de leurs voisins et soient sensibilisées aux problèmes de l'Afrique dans son ensemble. Il faut donc favoriser toutes les occasions de rencontres entre les populations et les professionnels des États africains. Le rôle des médias dans l'émergence d'une opinion publique africaine n'a pas besoin d'être souligné.

Au moment de la décolonisation, différentes institutions ont été mises en place pour préserver un espace commun aux États d'Afrique noire francophone. Mais du fait de la balkanisation de la région, il s'est avéré difficile de les faire vivre.

En Afrique de l'Ouest, le seul domaine dans lequel se développe une coopération interafricaine durable est celui de la monnaie : l'Union économique et monétaire ouest-africaine (UEMOA) a pris la suite de la zone franc CFA. Elle rassemble donc 8 pays : les anciennes colonies françaises d'Afrique de l'Ouest, à l'exception de la Guinée, qui a quitté cette zone monétaire dès 1959, auxquelles s'ajoute la Guinée-Bissau. C'est donc une union monétaire, comme la zone euro à laquelle elle est d'ailleurs articulée. Cinquante ans après les indépendances, cette zone monétaire fonctionne toujours, ce qui est paradoxal puisqu'on ne peut pas dire que les États qui la composent forment une véritable union politique, ni même

57. Ce qui est chaque fois un véritable défi, compte tenu de la diversité de l'Afrique. Sans parler du problème que posent l'Afrique du Sud et le Nigeria, du fait de leur taille.

qu'ils aient mis en place une gouvernance économique commune. Parmi les causes du succès de cette entreprise, il y a bien sûr l'adossement à la zone franc, puis à la zone euro. L'importance de l'économie informelle dans cette région est également un facteur explicatif. Et pourtant cette zone monétaire est fort critiquée pour le déséquilibre qui existe entre la vigueur du franc CFA, du fait de son lien avec la zone euro, et la faiblesse du dynamisme économique régional. Il n'en reste pas moins que cette zone monétaire est incontestablement un facteur de stabilité régionale qui doit être défendu avec force. Il est souhaitable qu'elle dure le temps nécessaire pour que l'évolution des mentalités et des comportements permette de déboucher sur un véritable espace économique régional, facteur fondamental de développement.

Deux autres exemples de réussite dans le domaine agricole, auxquels j'ai été heureux de participer, peuvent être cités : l'institut 2IE et la Coraf.

Pour mutualiser les moyens de l'enseignement supérieur agronomique afin de constituer des pôles d'excellence en Afrique noire et former dans un même lieu les cadres[58] venant de tous les pays du continent, il a été envisagé au cours des années 1970 de créer des écoles inter-États spécialisées. *In fine* deux seulement ont été mises en place : une école vétérinaire à Dakar et une école du génie rural à Ouagadougou. Cette dernière, qui rassemble une école d'ingénieurs, une école de techniciens supérieurs, un centre de recherche et un centre d'appui technique, est devenue un institut international afri-

58. Rappelons l'importance politique qu'a eue le fait que les premières générations de cadres africains francophones venant de toutes les colonies ont été formées ensemble à Paris (avec pour mémoire la célèbre Fédération des étudiants de l'Afrique noire francophone), ce qui a créé entre eux des liens indéfectibles. La situation est moins favorable aujourd'hui, puisque la plupart des étudiants africains, d'ailleurs beaucoup plus nombreux, sont formés au sein de leurs universités nationales, sauf pour ceux qui poursuivent des études doctorales, le plus souvent en dehors de l'Afrique noire.

cain de technologie[59], 2IE, apprécié en Afrique et en Europe, où il a noué de nombreuses relations universitaires.

La création du Cirad s'est accompagnée de la dévolution de ses différentes stations africaines aux États où celles-ci étaient localisées. Pour limiter les effets néfastes de cette balkanisation, nous avons pris l'initiative en 1985 de créer une Conférence de la recherche agronomique francophone (Coraf) réunissant régulièrement les responsables africains et français de manière à mutualiser au mieux les moyens de recherche existants dans le cadre d'une stratégie de recherche commune au service des agricultures africaines. Cette organisation fonctionne toujours : les responsables français s'en sont retirés et elle s'est élargie à tous les États des régions centrale et occidentale de l'Afrique noire. Devenue *le* Coraf, elle a conservé son sigle initial tout en changeant le contenu de son appellation.

Une des évolutions les plus positives de ces dernières années est le développement des échanges entre paysans. Il faut saluer l'action de la fondation Farm, animée à sa création par Bernard Bachelier et soutenue notamment par le Crédit agricole, pour susciter ces rencontres et ces réflexions en commun. Son action favorise l'émergence de dirigeants compétents et dynamiques, qui sont à la base de toute réussite agricole. Il est peut-être encore de la responsabilité des anciennes puissances coloniales d'utiliser leurs vieilles relations pour stimuler ces échanges indispensables. On ne peut que se réjouir en particulier que chaque salon international de l'agriculture à Paris soit l'occasion de fructueuses rencontres. Bien entendu, le risque latent est que se constitue un groupe de « spécialistes des rencontres internationales » qui monopolisent à leur profit le désir des Européens de faciliter l'émergence d'une vision véritablement

59. L'École inter-État d'équipement rural et l'École des techniciens supérieurs de l'hydraulique et des équipements ruraux ont fusionné en 2005 pour former l'Institut international d'ingénierie de l'eau et de l'environnement (2IE).

africaine du développement agricole et qui se coupent progressivement des paysans. Ils ne pourront plus alors les aider à dépasser leurs problématiques locales pour comprendre les évolutions du monde et agir sur lui. C'est pour cela qu'il faut veiller, avec doigté, à favoriser une bonne rotation des personnalités appelées à participer à ces rencontres.

En conclusion, les politiques agricoles ont oscillé depuis l'indépendance entre deux approches : des démarches très volontaristes, sous forme de plans de développement plus ou moins contraignants selon les États, décrits par René Dumont dans son ouvrage et largement pratiqués jusque dans les années 1970 ; puis, un retrait presque total de la puissance publique depuis la mise en œuvre des plans d'ajustement structurel, avec une limitation de l'aide internationale au financement de projets. Le temps est venu de redonner toute leur place aux politiques institutionnelles à tous les échelons (local, national et régional) et notamment au rôle de l'État dans les politiques agricoles.

## Adapter les régimes fonciers à leur nouvel environnement agroécologique et social

Parmi les politiques institutionnelles, les politiques foncières occupent une place essentielle. Pendant des millénaires, le mode dominant de l'agriculture en Afrique subsaharienne a été l'agriculture itinérante à jachère longue. Comme la communauté ne revenait que tous les trente à quarante ans sur la même parcelle, la relation des paysans à la terre était légère : il n'y avait pas d'appropriation individuelle des sols. Ceux-ci étaient gérés par un chef de terre qui descendait généralement de la première famille installée sur le territoire, souvent aidé par un conseil des anciens représentant tous les clans. Les coutumes assuraient une gestion durable des terres, sachant que, du fait du système d'exploitation pratiqué, il n'y avait aucun investissement foncier. C'était le sort qui, année après année, répartissait les terrains sans prendre en compte leur fertilité naturelle, laquelle, de toutes façons, variait peu.

Mais ces systèmes d'exploitation ne sont compatibles qu'avec une faible densité démographique, de l'ordre de quelques habitants par km$^2$. Dès que celle-ci augmente, le choix se situe entre l'avènement d'un nouveau système d'exploitation, plus productif mais aussi plus intensif en travail — ce qui demande du temps —, ou dans la destruction des écosystèmes. C'est la situation actuelle de l'Afrique subsaharienne. Par ailleurs, dans les régions forestières, les coutumes traditionnelles ont été bousculées par le développement des plantations arbustives, surtout de caféier et de cacaoyer, qui créent des liens durables entre certaines parcelles de forêt et certaines familles. Ainsi, les coutumes qui régulaient la gestion des terres ne sont plus respectées aujourd'hui et les conflits concernant l'usage des terres se multiplient dans toute l'Afrique subsaharienne.

La réforme des régimes fonciers est une thématique hautement prioritaire pour quatre raisons essentielles (Lavigne-Delville et Durand-Lasserve, 2008).

D'abord, il est nécessaire de sortir aussi vite que possible de l'incertitude juridique actuelle, qui constitue un facteur grave de troubles pour la paix civile ainsi qu'un obstacle sérieux au développement agricole. C'est d'autant plus urgent que les achats de terre par des puissances étrangères s'accroissent rapidement.

Par ailleurs, pour relever les défis agricoles actuels, il faut qu'émerge un nouveau système agricole, certes plus intensif en travail, mais qui permette de produire davantage et durablement. Ces nouveaux modes de production nécessiteront notamment que les paysans investissent dans les améliorations foncières pour maintenir la fertilité de leurs sols. Ils ne le feront que s'ils sont assurés de bénéficier, et à travers eux leurs descendants, des efforts qu'ils consentiront à cet effet. Il est donc indispensable de procéder à une appropriation foncière, opération délicate entre toutes. Car si elle n'est pas entreprise, c'est toute l'agriculture africaine qui en pâtira, peut-être définitivement. C'est donc une question vitale.

Le développement de l'agriculture nécessite de mobiliser non seulement le travail des paysans, mais aussi des financements. Tant que les terres agricoles n'ont pas de titres fonciers, elles ne peuvent être utilisées pour faciliter le financement des opérations agricoles. En l'absence de titres fonciers, il est difficile de créer un véritable marché foncier. En créer ouvre donc un nouvel accès au financement. Bien entendu, l'histoire nous apprend que le développement de l'hypothèque des terres agricoles pour garantir un financement bancaire et celui des ventes de biens fonciers ne sont pas sans risque, celui en particulier de voir des financiers sans scrupule manipuler les chefs de village pour acquérir leurs terres à vil prix. Il faudra donc mettre en place une réglementation pour maîtriser ce risque. C'est indispensable au développement de l'agriculture.

Enfin, la création de titres fonciers, même simplifiés, nécessitera la mise en place des outils de gestion qui justifieront l'établissement d'une taxe pour en financer le coût. Si l'agriculture s'intensifiait grâce à cette réforme foncière, il ne serait pas illégitime qu'elle contribue, à travers un impôt foncier raisonnable, au financement des collectivités locales. En effet, cette dernière question est aujourd'hui lancinante en Afrique subsaharienne. C'est elle qui justifie, en partie, que des péages multiples soient perçus sur les axes de communication, entravant de fait le développement économique des pays africains. Rappelons que c'était la situation de l'Europe médiévale avant que, progressivement, l'évolution des situations politiques permette de trouver des ressources publiques ne tuant pas la poule aux œufs d'or ! Les opinions publiques africaines devraient faire rapidement le même constat, ce qui poussera les élus à rechercher des ressources alternatives auxquelles pourrait participer un modeste impôt foncier.

Cette réforme foncière a toute sa place dans la révolution culturelle que l'Afrique noire doit accomplir. Les systèmes de culture itinérants s'inscrivent dans la perspective d'un monde cyclique, qui est en train de disparaître. Les vieilles coutumes ne sont plus respectées, non seulement parce qu'elles sont déstabilisées par la croissance démographique actuelle, mais surtout parce que, les mentalités évoluant, elles ne sont plus acceptées par les jeunes. La révolution agricole que doit accomplir l'Afrique noire repose sur une conception du temps linéaire, le futur ne pouvant reproduire le passé. Le paysan, en investissant dans son champ pour en améliorer la fertilité, travaille pour que sa famille puisse vivre demain dans des conditions meilleures que celles d'aujourd'hui, ce qui est difficilement compréhensible pour la mentalité traditionnelle toujours hantée par un âge d'or mythique. Enraciner un paysan dans son champ, c'est l'inciter à placer son labeur dans une perspective de long terme, c'est aussi participer à l'évolution de l'opinion publique, indispensable pour relever les défis d'aujourd'hui.

De nombreux experts et élus africains partagent mon opinion. Pourtant, si beaucoup de réformes foncières en Afrique noire — Niger, Côte d'Ivoire, Sénégal, Mali… —, sans parler de Madagascar, ont été engagées, peu d'entre elles ont été jusqu'au bout du processus pour diverses raisons.

Le contexte n'est pas très favorable : l'actualité de l'Afrique subsaharienne est dominée par l'obsession du quotidien. Les réformes concernant le long terme n'y trouvent pas naturellement un écho favorable. Et pourtant leur mise en place permettrait aux opinions publiques de donner plus de considération à ce temps long.

Il y a toujours eu des relations d'ordre sacré entre l'homme et la terre. Toucher à cette dernière s'accompagne de beaucoup d'émotions. On le constatait en France lors des opérations de remembrement des terres agricoles destinées à améliorer leurs conditions d'exploitation[60]. On comprend alors l'appréhension légitime des élus à se lancer dans des opérations aussi délicates.

Les zones de transhumances traditionnelles des troupeaux en fonction de la saison des pluies font l'objet de négociations difficiles entre éleveurs et agriculteurs. C'est notamment le cas au Mali, lorsque les troupeaux traversent le Niger pour gagner les pâturages situés au nord du fleuve au début de la saison des pluies, puis s'en retournent lorsque la saison sèche revient. Des pratiques coutumières, accompagnées de fêtes pour en souligner la solennité, comme celles dirigées par le *dioro*, règlent jusqu'à présent ces situations. Même si leur respect est de plus en plus difficile à assurer, la prudence des autorités vis-à-vis de leur réforme est compréhensible.

Il y a également l'histoire récente de l'Afrique. Avec la colonisation européenne, les sols urbains ont fait l'objet de titres de propriété. Les terres rurales, qui en étaient dépourvues, ont pu être considérées par certains gouvernants comme des terres sans maître, donc appartenant à l'État : les droits traditionnels qui les affectaient étaient niés purement et simplement, au prétexte qu'ils n'étaient pas appuyés sur des documents écrits — héritage d'un droit romain, d'ailleurs mal adapté pour réguler certains usages comme la cueillette ou pour garantir des droits minimaux aux « sans-terre ». De plus, au cours de l'histoire agitée de l'Afrique noire depuis l'indépendance, certains droits fonciers ont été abolis, car considérés comme féodaux. Mais ces décisions ne sont pas acceptées par les familles qui en ont été dépossédées. Lancer une réforme foncière pourrait raviver des plaies encore vives.

Enfin, le développement des agglomérations suscite une vive spéculation sur les terres périurbaines. Certains groupes n'ont

60. Ces opérations étaient nécessaires lorsqu'il y avait un lien étroit entre le droit de propriété et celui de l'exploitation. Aujourd'hui, ce lien s'est distendu, ce qui rend les opérations de remembrement moins indispensables, sauf dans le cadre de réalisation de nouvelles infrastructures publiques.

pas intérêt à ce que les droits des populations traditionnelles soient reconnus avant que leurs terres soient urbanisées.

Face à tous ces obstacles, faut-il renoncer ? Certainement pas, en raison des enjeux stratégiques qui sont liés à ces réformes. Remarquons aussi que dans certains territoires, comme au sud du Mali, les situations foncières se sont stabilisées. Leur développement agricole serait facilité si de véritables titres fonciers prenaient le relais. Il y a enfin une évolution politique dans de nombreux pays africains, qui ouvre des possibilités nouvelles : la création de communes rurales gérées par des conseils élus. Il devrait donc être possible de faire voter au parlement une loi cadre posant les grands principes d'une loi foncière, mais prévoyant que celle-ci serait progressivement mise en œuvre dans les communes en fonction des situations locales. Ce qui conduirait les communes volontaires à constituer des commissions élues avec la participation active des agriculteurs locaux, pour reconnaître et expliciter les droits traditionnels sur leur territoire, puis à amorcer la création d'un livre foncier. Bien entendu, des voies de recours raisonnables devraient être ouvertes à tous les citoyens qui estimeraient avoir été lésés par ces opérations. Puis-je rappeler que le cadastre des communes françaises a été décidé par Napoléon, mais que cette opération s'est étalée sur près de quarante ans ? Que les opérations de remembrement peuvent faire l'objet de contentieux devant le Conseil d'État qui peuvent durer des dizaines d'années ? L'important est de relancer les politiques foncières en réglant d'abord les cas les plus faciles avant de s'attaquer aux situations plus délicates.

## Faire émerger des marchés régionaux agricoles

La création de marchés agricoles régionaux en Afrique noire relève de l'utopie. Pourtant, les expériences accumulées par les politiques agricoles qui ont réussi dans le monde soulignent leur intérêt. Comme il a déjà été longuement question de la Pac, disons quelques mots sur la politique agricole de l'Inde, qui a également obtenu des résultats spectaculaires (Daniel Viard, communication personnelle). Comme l'Europe, l'Inde a créé un marché intérieur régulé des produits agricoles, déconnecté des marchés mondiaux. Comme l'Europe, elle a valorisé une révolution technologique, celle de la révolution verte. Comme l'Europe, elle a pu appuyer sa politique agricole sur des mouvements sociaux, animés par la pensée de Gandhi, et sur des hommes charismatiques, tel le Dr Swaminathan[61], qui l'ont popularisée. Mais du fait de son état de développement, elle n'a pu procéder aux mêmes transferts sociaux, ce qui fait que la politique agricole indienne a été souvent caractérisée comme celle d'un pays aux greniers pleins, mais où certaines franges de la population continuaient d'être frappées par la famine car trop pauvres — ce qui inspira au Dr Amartya Sen, prix Nobel d'économie en 1998, la thèse médiatisée que la famine n'est pas la conséquence d'une indisponibilité de la nourriture, mais de la pauvreté. C'est le cas des populations vivant dans des régions difficiles, notamment celles du Dekkan, où les effets de la révolution verte se sont fait moins sentir.

Le succès de ces politiques agricoles démontre clairement que, pour êtres efficaces, les politiques agricoles modernes exigent de disposer d'espaces suffisants. Ce qui souligne les handicaps de l'Afrique de l'Ouest, en raison de sa balkanisation. Une analyse objective de la situation confirme les avantages

61. Monkombu Sambasivan Swaminathan, né en 1925, est un spécialiste indien d'amélioration des plantes. Proche conseiller du Premier ministre Indira Gandhi, il a été responsable de la recherche agronomique de l'Inde pendant de longues années et est considéré comme le père de la révolution verte dans ce pays. Au cours de la décennie 1980, il dirigea l'un des centres internationaux de recherche agronomique, l'International Rice Research Institut, de Los Banos aux Philippines, et devint un acteur influent de ce réseau. Au cours des vingt dernières années, il s'est consacré à la diffusion des technologies de l'information et de la communication dans les campagnes en créant dans les villages des centres de savoir, à travers la fondation qui porte son nom.

qui pourraient être tirés de la mutualisation des politiques agricoles à l'échelle de l'ensemble de l'Afrique de l'Ouest.

D'une part, il y a une complémentarité évidente sur le plan agricole entre les zones de savane et les zones forestières, déjà soulignée par René Dumont. Citons un exemple symbolique : pour peu que l'on protège un peu le marché régional du blé, il serait possible de développer cette production autour des grands fleuves soudaniens, cette culture étant d'ailleurs moins consommatrice en eau que le riz. Elle répondrait à la consommation croissante de pain en Afrique de l'Ouest, notamment au sein des agglomérations situées au bord du golfe de Guinée.

Il y a aussi une bonne complémentarité entre les régions plus industrielles de la région, notamment autour des ports, et les régions agricoles de l'intérieur.

Compte tenu des importants écarts de productivité agricole entre l'Afrique noire et les pays industrialisés, de l'ordre de 1 à 10, il n'y aurait rien d'anormal à ce que celle-ci se protège d'une concurrence étrangère excessivement agressive vis-à-vis des acteurs économiques locaux.

Si l'Afrique de l'Ouest parvenait à une plus grande autosuffisance, cela permettrait aux grandes agglomérations de jouer davantage leur rôle de locomotive dans le développement régional, ce qui n'est pas le cas lorsqu'elles importent une grande partie de leurs produits alimentaires de l'étranger.

Enfin, comme le marché commun européen, la création d'une politique agricole commune consoliderait la paix civile au sein de l'Afrique de l'Ouest.

Ce sont les raisons pour lesquelles de nombreux experts rêvent depuis des dizaines d'années de voir un jour émerger une politique agricole commune entre les pays de cette région. Mais les progrès dans la mutualisation des politiques agricoles sont très lents jusqu'à présent, pour une raison fondamentale :

du fait de prix agricoles mondiaux bas, le choix a été fait d'alimenter les grandes agglomérations du golfe de Guinée par des importations de produits agricoles, même si on observe une belle résistance des produits locaux pour maintenir leur place sur ces marchés[62]. Compte tenu de la sensibilité des populations urbaines aux prix des produits de première nécessité, les autorités ont préféré mener cette politique pour assurer la paix publique, en prenant le risque d'émeutes de la faim lorsque les prix agricoles mondiaux flambent comme en 2007-2008. *A contrario*, l'Inde a choisi des prix intérieurs agricoles au départ un peu plus élevés, mais stables, plus rémunérateurs pour les agriculteurs et plus favorables au développement des zones rurales. Soulignons que, si une telle politique était mise en œuvre, elle entraînerait des gains de productivité qui permettraient de baisser progressivement les prix à la consommation. Tant que le choix actuel perdurera, il ne sera pas possible d'adopter une politique agricole commune pour l'Afrique de l'Ouest. Une question fondamentale se pose donc : comment vont évoluer les prix agricoles mondiaux, notamment sous l'effet des achats croissants de la Chine ? Le pari des gouvernements africains est-il tenable ? Et pour combien de temps ?

D'autres obstacles empêchent l'émergence d'une politique agricole : par exemple, le poids important des recettes douanières dans les budgets des États. La production agricole ne pourra se développer que si véritablement l'Afrique de l'Ouest devient une zone de libre échange pour les produits agricoles des États membres.

Autre obstacle majeur : la définition de l'espace politique de référence pour une politique agricole régionale. Deux ensembles cohabitent aujourd'hui, qui tous deux s'intéressent aux

62. Les analyses de Nicolas Bricas, économiste du Cirad, ont mis en évidence une certaine déconnexion de l'évolution des prix locaux des produits agricoles par rapport à celle des prix mondiaux. Il n'empêche que c'est le niveau moyen de ces derniers qui fixent celui des prix des produits alimentaires en Afrique de l'Ouest.

questions agricoles : l'UEMOA[63], dont les activités ont déjà été présentées, et la Cedeao. Celle-ci rassemble depuis 1995 tous les pays de l'Afrique de l'Ouest, dont ceux de l'UEMOA, soit 15 pays qui autrefois étaient des colonies anglaises, françaises ou portugaises. Cette organisation internationale a la préférence des Nations unies et de l'Union européenne. Mais il n'y a plus la communauté historique, linguistique et monétaire qui caractérise l'UEMOA. Le principal problème est posé par le poids considérable du Nigeria[64], qui effraie les États plus petits.

Ces deux organisations régionales comprennent, toutes les deux, des conseils des ministres, des secrétariats, des cours de justice, des assemblées parlementaires et organisent des rencontres régulières des chefs d'État[65]! Lorsque leurs directives sont approuvées, elles doivent, comme dans le cas de l'Union européenne, être transcrites dans les droits nationaux, ce qui est très compliqué, compte tenu de l'instabilité politique qui caractérise l'Afrique de l'Ouest. Malgré tout, l'existence de ces deux organisations régionales s'inscrit dans une histoire. Il faut donc accompagner leurs développements en essayant de les rendre aussi convergents que possible.

Comme il sera nécessaire, au moins au début, de protéger les marchés intérieurs des variations des prix mondiaux, il faudra établir une protection douanière autour du marché régional retenu. Ce qui pose deux questions : la qualité des services douaniers nationaux pour éviter toute fraude intempestive qui déséquilibrerait rapidement le système ; la répartition des recettes douanières entre les États membres si leur emploi n'est pas mutualisé.

---

63. Les États de l'ancienne Afrique équatoriale française ont constitué une zone monétaire analogue, appelée Union monétaire de l'Afrique centrale (Umac).

64. Le Nigeria compte une population de 131 millions d'habitants, soit la moitié de la population totale de la Cedeao.

65. On imagine la diatribe de René Dumont !

Plus fondamentalement, l'émergence d'une politique agricole commune suppose des changements politiques importants, comme la conviction, encore insuffisamment partagée, que l'avenir de chaque pays passe davantage à travers une coopération renforcée avec ses voisins plutôt que dans un partenariat avec un pays étranger au continent africain, si amical soit-il ! Et les idées de l'École de Chicago, toujours présentes et toujours justifiées par la poursuite des pratiques de corruption et de prédation, continuent de disqualifier toute intervention publique dans le domaine économique. Pourtant, à l'échelon mondial, un certain nombre de signaux indique qu'une politique agricole commune en Afrique de l'Ouest serait bien accueillie : le dernier accord de l'Organisation mondiale du commerce, signé en 1994 à Marrakech, prévoit des exceptions à la libéralisation du commerce international en faveur des pays en développement. Il serait donc possible de s'opposer, le cas échéant, aux recours que pourraient déposer les pays qui actuellement exportent des produits alimentaires vers la région. Pour sa part, l'Union européenne pousse à la création de zones économiques régionales à travers les Accords de partenariats économiques (APE) instaurés par l'accord de Cotonou, signé en 2000 entre les 27 pays de l'Union et 76 États d'Afrique, des Caraïbes et du Pacifique, pour une période de vingt ans avec révision tous les cinq ans. Un de ces APE concerne l'Afrique de l'Ouest dans son ensemble, ce qui encourage la coopération régionale entre ses États. Enfin, la réflexion du Nouveau partenariat pour le développement de l'Afrique (Nepad) sur l'avenir de l'agriculture africaine et son Programme détaillé pour le développement de l'agriculture africaine, extrêmement ambitieux — notamment son pilier 2, consacré au développement des marchés régionaux —, montrent que les idées de politique agricole progressent.

Plus que tous les autres défis que doit relever l'Afrique noire, l'instauration d'une politique agricole commune ne sera peut-être possible que lorsque l'Afrique de l'Ouest aura achevé sa transition sociale et culturelle. Cependant le combat pour une telle politique institutionnelle est une des voies les plus appropriées pour accélérer cette évolution. Il faut donc continuer à défendre cette orientation politique, même si aujourd'hui elle reste une utopie.

Cette marche vers une politique agricole commune pour l'Afrique de l'Ouest ne pourra donc procéder que par étape, en favorisant chaque fois que c'est possible le rapprochement en son sein de deux, voire trois, pays proches et complémentaires, comme le Mali et le Sénégal, le Burkina Faso et la Côte d'Ivoire — lorsque cette dernière aura retrouvé une certaine stabilité politique —, le Bénin et le Togo… Ce rapprochement se fondant au départ sur une production, comme le sucre, le coton ou le riz.

En conclusion, l'état actuel de l'Afrique subsaharienne incite à mettre davantage l'accent sur les politiques institutionnelles qui permettront de mieux valoriser les initiatives privées et collectives. Parmi celles-ci, les politiques foncières et les politiques macroéconomiques régionales ont fait l'objet d'une attention particulière de générations d'experts. Comme il s'agit d'orientations de longue durée, il faut souhaiter qu'il en soit toujours de même dans l'avenir.

# Conclusion générale

Il faut soutenir l'agriculture africaine, car elle sauvera ce continent ! C'est la meilleure stratégie pour lutter contre la pauvreté et tous les maux qui l'accompagnent en Afrique noire (Banque mondiale, 2007). C'est aussi la voie la plus efficace pour conforter et élargir les dynamiques économiques favorables de cette région observées au cours de ces dernières années.

Dans cette perspective, les politiques conduites par les pouvoirs publics doivent respecter les caractéristiques géographiques et historiques particulières de l'Afrique subsaharienne pour renforcer son autonomie. Pour autant, il ne peut être question, dans un environnement mondialisé, de revenir à l'autarcie traditionnelle. Bien au contraire, le développement de l'agriculture africaine doit s'inscrire dans un dialogue ouvert avec le reste du monde.

## Le temps et l'espace

Il est courant d'entendre que l'agriculture est science des localités. Cette expression veut rappeler que chaque champ, comme chaque être vivant, est unique et doit bénéficier de soins spécifiques. L'agriculture traditionnelle est aussi marquée par le rythme apparemment immuable des saisons. Ce qui explique que les agriculteurs aient beaucoup de mal à accepter qu'ils puissent contribuer aux changements climatiques par les émissions de gaz à effets de serre consécutives à leurs pratiques. L'examen de la situation de l'agriculture africaine remet en cause ces visions traditionnelles. Elles conservent une part de vérité lorsque l'on considère des situations ponctuelles. Mais on ne peut comprendre vraiment ses dynamiques que si on prend en compte des échelles de temps et d'espace beaucoup plus grandes.

De la même façon, les défis actuels de l'agriculture africaine ne seront relevés que si, malgré les contraintes d'un quotidien souvent dramatique, tous les acteurs s'efforcent de s'inscrire dans des perspectives de temps et d'espace les plus larges possibles. C'est d'autant plus indispensable que l'environnement technique, économique et géopolitique du monde actuel est défavorable aux pays dont les dimensions ne sont pas en adéquation avec ses contraintes. Constituer des ensembles de taille suffisante pour exploiter à plein les opportunités actuelles, tout en permettant à chacune des multiples entités qui les composent de vivre et d'épanouir leur propre identité culturelle, est le grand défi politique du XXIe siècle. À cet égard, les aspirations démocratiques, présentes partout aujourd'hui, compliquent encore davantage la tâche des responsables politiques. Ces questions sont particulièrement difficiles à résoudre en Afrique noire du fait de son histoire particulière. Mais il n'y a pas d'autres voies de salut que de s'efforcer d'y apporter des solutions avec patience et persévérance.

## Recevoir et donner

Au terme d'une existence professionnelle qui m'a conduit à parcourir les campagnes des différentes régions de la planète, en Europe, en Afrique, en Asie, en Amérique latine, je suis persuadé que les défis climatiques, agropédologiques et sanitaires de l'agriculture africaine comptent parmi les plus exigeants qui soient. Pour les relever, il faut convoquer le meilleur de la science agronomique mondiale. Cela justifie que la recherche agronomique tropicale ne soit pas trop autonomisée. Mais qu'au contraire elle joue un rôle majeur dans l'émergence d'une agriculture associant productivité et durabilité, ce qui aujourd'hui encore est un oxymore.

Cette orientation concerne tout particulièrement l'Europe et l'Afrique, qui au fil des siècles ont tissé entre elles des liens privilégiés : l'agriculture européenne doit imaginer de nouvelles pratiques en considérant que désormais ses principaux facteurs de production se trouvent au sein des écosystèmes. C'est là qu'il faut rechercher des substituts aux facteurs de production xénobiotiques actuels. Engrais et pesticides ont certes permis jusqu'à présent son développement. Mais ils rencontrent des limites de plus en plus sévères. Les promoteurs de cette nouvelle révolution agronomique (Chevassus-au-Louis et Griffon, 2008) attirent l'attention sur l'intérêt des cultures associées dans cette perspective. Celles-ci sont encore largement pratiquées en Afrique noire. De ce fait, ce cahier des charges est justement celui que doit réaliser l'agriculture africaine pour relever les défis qui sont devant elle. C'est pourquoi la recherche agronomique devrait constituer un des axes privilégiés des futurs partenariats entre l'Afrique noire et l'Union européenne.

# Références bibliographiques


BANQUE MONDIALE, 2007. *L'agriculture au service du développement.* World Bank, Washington D.C.

BANQUE MONDIALE, FAO, 2009. *Awakening Africa's Sleeping Giant - Prospects for Commercial Agriculture in the Guinea Savannah Zone and Beyond.* World Bank, Washington D.C., FAO, Rome.

BICHAT H.H., 2011. *La place de la biomasse dans les bouquets énergétiques à l'horizon 2050.* Association « Prospective 2100 », Meudon.

BOSERUP E., 1970. *Évolution agraire et pression démographique.* Flammarion, Paris.

CASTRO (DE) J., 1951. *La géopolitique de la faim.* Les éditions ouvrières, Paris.

CHEVASSUS-AU-LOUIS B., GRIFFON M., 2008.La nouvelle modernité : une agriculture productive à haute à haute valeur écologique. *In : Déméter 2008 - Économie et stratégies agricoles.* Club Demeter, Paris.

CISSOKHO M., 2009. *Dieu n'est pas paysan.* Éditions Présence Africaine, Bonneville (France).

COLLOMB P. 1999. *Une voie étroite pour la sécurité alimentaire d'ici à 2050.* Economica, Paris, FAO, Rome.

COMMISSION POUR L'AFRIQUE, 2005. *Notre intérêt commun.* www.commissionforafrica.org/.

COUR J.-M., 2007. Peuplement, urbanisation et développement rural en Afrique subsaharienne : un cadre d'analyse démo-économique et spatial. *Afrique contemporaine,* 3/2007, n° 223-224, p. 363-401.

DEBATISSE M., 1963. *La révolution silencieuse.* Calmann-Lévy, Paris.

DELAVIGNETTE R., 1931. *Les paysans noirs.* Stock, Paris.

DEMOND M., 1997. La trajectoire des systèmes de production Sénoufo. Thèse de master, Université de Gand, Belgique.

Diamond J.M., 2006. Effondrement - Comment les sociétés décident de leur disparition ou de leur survie ? Gallimard, Paris.

Dos Santos G., 2010. How « green » is the Chinese traditional agriculture? *In : L'empreinte de la technique. Ethnotechnologie prospective,* Gaudin T., Faroult E., coord. Collection Prospective, L'Harmattan, Paris.

Dumont R., 1962. *L'Afrique noire est mal partie.* Seuil, Paris.

Gendreau J.-C., 2008. Des enjeux démographiques majeurs. *In : Défis agricoles africains,* Devèze J.-C. (dir.). Karthala, AFD, Paris.

Gourou P., 1982. *Terres de bonne espérance : le monde tropical.* Plon, Paris

Griffon M., 2006. *Nourrir la Planète.* Odile Jacob, Paris.

Grill B., 2005. *Ach, Afrika.* Goldmann, Munich.

Kabou A., 2010. *Comment l'Afrique en est arrivée là.* L'Harmattan, Paris.

Konaté M., 2010. *L'Afrique noire est-elle maudite ?* Fayard, Paris.

Lavigne-Delville P., Durand-Lasserve A., 2008. *Gouvernance foncière et sécurisation des droits dans les pays du Sud. Livre blanc des acteurs français de la Coopération.* AFD, Ministère des Affaires étrangères, Paris.

Loungoulah G.L.P., 1995. La démographie en Afrique subsaharienne, perspectives et enjeux. *Afrikascopie* (revue du Groupe d'études et de recherches africaines, Lyon), p. 6-12.

Lumeley (de) H., 2007. *La Grande Histoire des premiers hommes européens.* Odile Jacob, Paris.

Mazoyer M., Roudart L., 1997. *L'histoire des agricultures du Monde.* Seuil, Paris.

Michailof S., 2010. Révolution verte et équilibres géopolitiques au Sahel. *Revue internationale et stratégique,* 2010/4, n° 80, p. 138-148.

Michailof S., Bonnel A., 2010. *Notre Maison brûle au sud.* Fayard, Paris.

Myrdal G., 1959. *Théorie économique et pays sous-développés.* Présence Africaine, Paris.

PETIT M., 2011. *Pour une agriculture mondiale productive et durable.* Éditions Quæ, Versailles.

PEYREFITTE A., 1989. *L'empire immobile ou le choc des mondes.* Fayard, Paris.

PIERI C., 1989...... *Fertilité des sols de savane.* Ministère de la Coopération et du Développement, Paris, Cirad, Montpellier.

RIBIER V., 2008. Des transitions agricoles conditionnées par des politiques publiques. *In : Défis agricoles africains,* Devèze J.-C. (dir.). Karthala, AFD, Paris.

RUTHENBERG H., 1976.*Farming systems in the Tropics.* Clarenton Press, Oxford.

SECRÉTARIAT SOCIAL D'ALGER, 1961. *De l'Algérie originelle à l'Algérie moderne : éléments de sociologie culturelle au service de l'éducation de base.* Éditions du Secrétariat social d'Alger, Alger.

SEVERINO J.-M., RAY O., 2010. *Le temps de l'Afrique.* Odile Jacob, Paris.

STIGLITZ J., 2002. *La grande désillusion.* Plon, Paris.

TESSIER O., 2001. *Les groupes de paysans comme construits sociaux : itinéraire méthodologique d'une étude socio-anthropologique sur un projet de développement (Nord Viêt-nam).* Collection Coopérer aujourd'hui n° 22, Gret, Paris.

VAN RUYMBEKE B., 2009. *L'héritage colombien : les conséquences de la « découverte » du Nouveau Monde,* volume 3 : Les échanges. Les cahiers du Musée des Confluences, Département du Rhône.

# Pour en savoir plus


Condé M., 1987. *Ségou*. Robert Laffont, Paris

Hampâté Bâ A., 1993. *Amkoullel, l'enfant peul*. Actes Sud, Arles.

Hampâté Bâ A., 1998. *Oui mon commandant !* Actes Sud, Arles.

Kapuscinski R., 1998. *Ébène*. Plon, Paris.

Le Clézio J.M.G., 2004. *L'Africain*. Mercure de France, Paris.

Orsenna E., 2003. *Madame Bâ*. Stock, Paris.

Orsenna E., 2006. *Voyage aux pays du coton, petit précis de mondialisation*. Fayard, Paris.

Smith S., 2010. *Voyage en postcolonie. Le nouveau monde franco-africain*. Grasset, Paris.

Tempels P., 1949. *La philosophie bantoue*. Présence Africaine, Paris.

Traoré A., 2005. *Lettre au président des Français à propos de la Côte d'Ivoire et de l'Afrique en général*. Fayard, Paris.

# Annexe - Typologie des systèmes d'exploitation agricole

(D'après Ruthenberg, 1976, et Demond, 1997)

| Densité hab/km² | R | Système d'exploitation agricole | Outillage | Productivité du travail |
|---|---|---|---|---|
| < 10 | 10 | **1. Système à jachère longue arbustive** Culture itinérante sur défriche forestière | Hache, machette, bâton à fouir Ni labour ni sarclage | **Forte** Défriche par le feu, récolte et gardiennage |
| | | **2. Système à jachère buissonnante** Agriculture en voie de fixation, tubercules | Machette, houe Sarclage, labour du sol, transhumance | **Bonne** Défriche par le feu |
| | 30 | **3. Système à jachère herbacée** Céréales, élevage | Houe Sarclage Araire, charrue, traction animale | **Faible à très faible** Entraide, amélioration culture attelée |
| 60 | 60 | **4. Système à récolte annuelle** Agriculture fixée | Traction animale, motorisation, fertilisation minérale, traitements phytosanitaires | **En progrès** Grâce à la culture attelée et à la motorisation |
| 250 | 100 | **5. Système à récoltes multiples** | Labour et sarclage, irrigation, fertilisation minérale, traitements phytosanitaires | **Moyenne à faible** |

R : surface cultivée/surface cultivable.

| Productivité de la terre | Intensité du travail | Tenure du sol Statut foncier | Investissements Capitalisation du surplus |
|---|---|---|---|
| **Moyenne à faible** Cueillette | **Faible** 2 à 4 h/jour + chasse, pêche, cueillette | Appropriation collective, droit d'usage incertain | **Quasi nuls** Peu de réserves |
| **Modérée** | **Moyenne** 4 à 6 h/jour Défriche, sarclage, récolte | Idem mais début de marquage du foncier par cultures pérennes | **Très faibles** Impacts des dots et des funérailles |
| **Moyenne à faible** selon efficacité de la fertilisation | **Forte** 6 à 8 h/jour mais mortes saisons | Appropriation privée, chef de terre, prêts de terre | **Faibles** Bétail, attelage, matériel |
| **Moyenne à forte** | **Très forte** 10 à 12 h/jour Alimentation des animaux | Marché foncier, disparités sociales | **Forts** Terre, élevage, facteurs de production |
| **Forte à très forte** | **Très forte** Absence de temps morts | Coût de la terre très élevé, paysans sans terre | **Variables** Environnement social et économique, facteurs de production |

Ouvrage publié avec le soutien de Farm,
Fondation pour l'agriculture et la ruralité dans le monde

Photographie de couverture :
Enfants jouant avec des lunettes de fortune, dans un village camerounais.
Jean-Yves Meunier © IRD
Avec l'aimable autorisation de l'IRD

Mise en pages : Hélène Bonnet

Dépôt légal : février 2012
IMPRIMÉ EN FRANCE

Achevé d'imprimer le 23 janvier 2012
sur les presses de l'imprimerie « La Source d'Or »
63039 Clermont-Ferrand
Imprimeur n° 15654

PEFC/10-31-2008

*Dans le cadre de sa politique de développement durable,*
*La Source d'Or a été référencée IMPRIM'VERT®*
*par son organisme consulaire de tutelle.*
*Cet ouvrage est imprimé - pour l'intérieur -*
*sur papier bouffant "Munken Print Cream" 90 g, main de 2,*
*provenant de la gestion durable des forêts,*
*des papeteries Arctic Paper, dont les usines ont obtenu*
*les certifications environnementales ISO 14001 et E.M.A.S.*